Obermayr • Süße Schmankerln aus Oberösterreich

Helmut Obermayr (Hrsg.)

Süße Schmankerln aus Oberösterreich

Gezuckerte und gebrannte Verlockungen aus heimischen Küchen
Das Radio-Oberösterreich-Kochbuch
erstellt in Zusammenarbeit mit der OÖ. Rundschau

Redaktionelle Betreuung:
Ute Drexel
Erna Fleischanderl
Renate Lazelsberger

Die Rezepte dieses Buches basieren auf Einsendungen von Hörerinnen und Hörern von Radio Oberösterreich, Leserinnen und Lesern der Oberösterreichischen Rundschau.
Die Auswahl und die Bearbeitung sowie die Zubereitung und das Anrichten der für den Bildteil notwendigen Gerichte besorgten Ute Drexel, Erna Fleischanderl und Renate Lazelsberger.
Die Farbfotografien wurden von Manfred Dall, Linz, angefertigt.

Titelbild:
Diplomatentorte (Rezept Seite 40): Die Kuppel sieht besonders dekorativ aus, wenn man das Bisquit zu kleinen Rollen formt.

Die Deutsche Bibliothek - CIP-Einheitsaufnahme
Süße Schmankerln aus Oberösterreich:
Gezuckerte und gebrannte Verlockungen aus heimischen Küchen /
Helmut Obermayr (Hrsg.)
- Linz: Landesverl., 1993
ISBN 3-85214-593-7
NE: Obermayr, Helmut (Hrsg.)

© LANDESVERLAG im VERITAS-VERLAG Linz; alle Rechte, insbesondere das Recht der Verbreitung, auch durch Film, fotomechanische Wiedergabe, Bild- und Tonträger jeder Art, oder auszugsweiser Nachdruck vorbehalten
2. Auflage (1993)
Gedruckt in Österreich
Lektorat: Barbara Strobl
Fotos: Fotostudio Manfred Dall, Linz
Illustrationen und Layout: Otto Kolano, Leonding
Offsetreproduktion: Repro & Montage Service, Linz
Satz, Druck, Bindung: LANDESVERLAG Druckservice Linz

ISBN 3-85214-593-7

Inhalt

Vorwort

Kochen als Kunst

„Ein Künstler lebt und webt in seiner Kunst". So beschreibt sich der Küchenjunge Leon in Grillparzers klassischer Komödie „Weh dem, der lügt". Wir haben schon den ersten Band des Radio-Oberösterreich-Kochbuches „Schmankerln aus Oberösterreich" mit einem Zitat aus diesem Stück eingeleitet. Leon, ein fränkischer Küchenjunge und Koch, schleicht sich als Sklave in einen noch recht barbarischen Hof im Rheingau ein. Er nimmt dem Grafen Kattwald, dem er verkauft werden soll, das Versprechen ab, ihn nicht wie die anderen Diener, sondern als Hausgenoß und Künstler zu halten.

Kann denn Kochen, etwas so Alltägliches, als Kunst bezeichnet werden? Der bekannte oberösterreichische Theologe Wilhelm Zauner meint, Kochen sei die älteste Kunst überhaupt. Kochen sei Aktionskunst, ein Gesamtkunstwerk, das alle Sinne anspricht. „Kochen ist Kultivieren, und die Kochkunst ist der älteste Beitrag zur Kultur". Mit diesem Satz spricht Zauner nicht in erster Linie die berühmten Köche an, um die manchmal ein Kult betrieben wird wie um die berühmtesten Maler oder Musiker unserer Zeit. Kochen ist für ihn eine Kunst, die in den Küchen unserer Familien ausgeübt wird.

Freilich wird da recht klar zwischen Kochen und Kochen unterschieden. Die Kochkunst beginnt beim Einkaufen, beim Vorbereiten der Zutaten, sie umfaßt die liebevolle Zubereitung, das Anrichten der Speisen und schließlich auch das Essen als Pflege der Gemeinschaft. So würdigt Wilhelm Zauner im Buch „Mehr leben als du ahnst" eine scheinbar alltägliche Tätigkeit. So wird das Essen auch zum Fest, schreibt er in einem anderen Buch mit dem Titel „Und führe uns in Versöhnung. Zur Theologie und Praxis einer christlichen Grunddimension". Dort wird deutlich, daß diese Kunst und Kultur des Kochens und Essens auch bedroht ist. Die industrialisierte Fertigküche in den Schnellimbißlokalen, „fast food" nennt man das, bedroht diese Kunst und Kultur am meisten. Diese industrialisierte Fertigküche macht sich auch in den Haushalten immer mehr breit. Die Tiefkühlregale sind voll mit

Produkten, die daheim nur mehr in den Mikrowellenherd gestellt werden müssen. „Schon haben Sie ein herrliches Menü auf den Tisch gezaubert", verspricht die Werbung. Das Bedauerliche ist, daß dieses Menü immer und überall gleich schmeckt.

Da ist Kochen keine Kunst mehr. Nicht nur deswegen, weil sie keine Anforderungen an die Künstlerin oder den Künstler stellt, sondern auch weil dabei beliebig vervielfältigbare Serienprodukte ohne jede Individualität auf den Tisch gebracht werden. Etwas, das beliebig vervielfältigbar ist, kann keine Kunst sein. Es muß nicht schlecht sein, wie auch in Großserien gefertigte Möbel durchaus zweckmäßig und manchmal sogar ansprechend gestaltet sein können. Mit Kunst hat es nichts mehr zu tun. Denn in der Kunst kommt es wohl auch auf das Unwiederholbare, auf das ganz Besondere des einzelnen Stückes an.

Gleiches gilt übrigens auch vom Wein oder von gebrannten Getränken, denen ein Kapitel dieses Buches gewidmet ist. Das Bauen und Keltern des Weines ist eine Kunst, die wohl verstanden sein will. Das Kunstwerk Wein, wenn es ein solches ist, ist auch ein Stück Individualität. Von jeder Rebsorte, von jedem Hang, in jedem Jahr soll der Wein anders schmecken. Auch dem stehen freilich industrialisierte Massenprodukte gegenüber, Weinsorten, von denen durch Jahre hindurch jede Flasche gleich schmeckt, auch wenn eine noch so große Zahl auf den Markt gebracht wird. In großer Serie hergestellte Schnäpse sind genauso zu beurteilen. Sie sind nicht schlecht, aber sie werden langweilig. Wer sich hingegen bemüht, in seinen Produkten die Reife, die Sonne, kurz das Ergebnis dessen, was die Natur alle Jahre anders schenkt, lebendig sein zu lassen, der stellt wohl auch ein Kunstwerk her. Und ein solches Kunstwerk wird nie langweilig, weil es immer wieder andere feine Nuancen zu bemerken erlaubt.

Die Kochkunst ist der Ausdruck der Individualität, des individuellen Könnens der Köchin, des Koches. Unser Buch beweist das in ganz besonderer Art. Eine Unzahl von Rezepten wurde nach dem Aufruf der Oberösterreichischen Rundschau, von Radio Oberösterreich und

der Lokalfernsehsendung „Oberösterreich Heute" einge-
schickt. Es sind wieder Lieblingsrezepte der Oberösterrei-
cherinnen und Oberösterreicher. Die Zahl der Einsendungen war so groß, daß ein zweiter Band mit
Mehlspeisrezepten erscheinen kann, der dann hauptsäch-
lich Feiertags- und Weihnachtsgebäck bringen wird. Es ist
eine Freude, daß so viele verschiedene Rezepte geschickt
wurden. Sie beweisen, daß die Kochkunst in unserem
Land noch lange nicht untergeht.

Es sind Lieblingsrezepte, die uns geschickt und von den
ausgezeichneten Fachfrauen der Höheren Bundeslehran-
stalt für Wirtschaftliche Berufe in der Linzer Landwied-
straße aufbereitet und geordnet wurden. Manchmal sind
es mehrere Rezepte über die gleiche Mehlspeise. Es sind
aber keine gleichen Rezepte. Gerade darin zeigt sich die
Vielfalt der Kunst, die sie widerspiegeln.

Oft sind es Rezepte, die für Familien geradezu zum Sinn-
bild und zum festen Bestandteil eines Festes geworden
sind. Der Kuchen von Mama, jene Torte der Oma – in
welcher Familie gibt es nicht solche Rezepte, von denen
Generationen schwärmen.

In diesem Sinn sei allen recht herzlich gedankt, die durch
ihre Einsendungen das Erscheinen dieses Buches und
eines weiteren Bandes ermöglicht haben.

Die Auswahl war oft recht schwierig. Es gilt hier, was wir
schon im ersten Schmankerlbuch festgehalten haben. Es
wurde versucht, ein möglichst breites Angebot aufzunehmen. Und so manches Rezept, das hier noch nicht enthalten ist, wird sich sicher im nächsten Band finden.

Einleitung

Die heimische Küche

Die Küche jedes Landes hat ihre eigene Entwicklungsrichtung genommen, hat ihre besondere Note. Trotzdem ist vieles in verschiedenen Ländern ähnlich. Die bäuerliche Küche Frankreichs oder Belgiens, die Küche in den Bergen Umbriens, die Küche der Bauern in unserem Land, sie weisen Parallelen auf, wie gleiche soziale Verhältnisse auch gleichen Ausdruck in der kulturellen Entwicklung finden.

Es mag erstaunen, wenn sich in diesem Buch Rezepte für Bananentorten finden, wenn eine Mehlspeise gar nach dem Modetanz vergangener Jahre, dem Lambada, benannt ist. Es mag befremden, daß scheinbar Fremdes in einem oberösterreichischen Kochbuch zu finden ist.

Küchennationalismus und Küchenchauvinismus sollen unsere Sache nicht sein. Das haben wir auch im ersten Band dieser Reihe festgehalten. Gerade die österreichische Küche verdankt ihren Ruf der Bereitschaft, immer wieder Neues aufzunehmen. Was bei uns als bodenständige Küche gilt, hat viele Wurzeln in den Ländern der alten Monarchie und weit darüber hinaus. Aus vielen Völkern und Kulturen wurde Interessantes und Gutes aufgenommen und weiter ausgeprägt. Wenn der oberösterreichische Volkskulturforscher Ernst Burgstaller in seinem Buch über Brauchtumsgebäck Verwandtschaften bei uns heimischer Formen mit Gebäcksformen der Antike oder auch des hohen Nordens nachweist, erkennt man, daß diese Vermischung der Wurzeln schon Jahrtausende zurückreicht. Oberösterreich, das hat Burgstaller in verschiedenen Formen der Volkskultur eindrucksvoll nachgewiesen, ist ein Schnittpunkt von Kulturen. Eine Dialektgrenze läuft durch das Land, der alpine Raum und der Donauraum mit seinen Einflüssen aus dem Osten begegnen sich hier.

Auch in anderen Formen der Kunst können wir diese Spuren seit Jahrhunderten, ja seit mehr als tausend Jahren nachweisen. Unsere Klöster sind voll von solchen Produkten. Die herrlichsten Ausformungen österreichischen Barocks wurden von italienischen Künstlern mitgeprägt.

Der Tassilokelch in Kremsmünster weist unter anderem klare Elemente der byzantinischen Ikonenmalerei auf, die auf den Einfluß des Römischen Reiches in Norditalien vor 1500 Jahren zurückgehen. Langobardische Elemente, die zum Teil aus dem Norden, zum Teil wieder aus dem Süden kommen, finden sich in diesem Kunstwerk, das vielen geradezu als Symbol für Oberösterreich gilt.

Kehren wir zurück in unsere Küche. Schon in der Römerzeit wurden auf den großen Märkten, vor allem in Ovilava, dem heutigen Wels, Südfrüchte angeboten. Schon vor fast 2000 Jahren wurden bei uns also Feigen gegessen und in der Küche verwendet. Der Weinbau in unserem Land ist ebenfalls auf die Römer zurückzuführen. Maroni hatten damals Eingang in den heimischen Speisezettel gefunden. In Unterach steht seit der Römerzeit der einzige noch erhaltene Edelkastanienwald nördlich der Alpen. Die Pflaumen und etliches andere Obst haben uns auch die Römer gebracht.

Immer waren die „Oberösterreicher" bereit, Neues, Interessantes, Köstliches aufzunehmen. Das gilt auch für das Mittelalter. Franz Maier-Bruck, der unter anderem das berühmte Sacher-Kochbuch herausgegeben hat, schildert in eben diesem Buch, wie um 1480 Mandeln und Feigen als Beitrag zur Ernährung der österreichischen Soldaten genannt werden. Philippine Welser, die im 16. Jhdt. mit Erzherzog Ferdinand II. verheiratete Patriziertochter aus Augsburg, pflegte in ihrem Schloßgarten Orangen-, Feigen-, Mandel- und Kastanienbäume. Niemandem würde es einfallen, Rezepte mit Feigen und Mandeln, die wir in unserer Mehlspeisküche so oft finden, nicht als bodenständig zu bezeichnen.

So ist wohl auch nichts einzuwenden, wenn Ananas und Bananen in den letzten Jahrzehnten Eingang in die Mehlspeisküche gefunden haben. Würden sich die Hausfrauen und Köche aller Zeiten gegen Neues und Fremdes gewehrt haben, dann säßen wir heute immer noch ausschließlich vor Kletzen, sofern wir nicht auch die Birnen den Römern verdanken.

Umgekehrt finden wir das, was wir gerne als österreichische Küche bezeichnen, auch in Regionen, die längst nicht mehr zu Österreich gehören. In Friaul, diesem wunderbaren, kulturträchtigen und – fast möchte man sagen Gott sei Dank – noch nicht überlaufenen Teil Norditaliens offerieren viele Lokale einen Apfelstrudel zur Nachspeise. Kaiserfleisch mit Kraut ist dort selbstverständlich. Es heißt auch noch so. Dabei handelt es sich nicht um eine Parallele zu den Kasseler Rippchen, die auf Gran Canaria den deutschen Touristen angeboten werden. Es ist vielmehr ein Übergreifen von Kulturen über Staatsgrenzen hinweg, das sich dort zeigt.

Schließlich hat auch eine neue Technik in unseren Küchen vieles erleichtert und Neues ermöglicht. Manches wäre gerade bei den Mehlspeisen schon längst von unseren Speisezetteln verschwunden, wenn es nicht maschinelle Hilfen der Zubereitung gäbe. So kann die moderne Technik nicht nur durch das Angebot der Fertiggerichte zum Verfall der Kochkunst beitragen, sondern sie durch Erleichterung und Unterstützung auch ausbauen helfen.

Die Rezepte dieses Buches spiegeln diese Entwicklung wider. Die Kochkünstlerinnen und -künstler unseres Landes sind bereit, Neues aufzunehmen. Sie sind bereit zur kreativen Weiterentwicklung, ohne die keine Kunst bestehen kann. Das bedeutet nicht, daß das Alte preisgegeben wird. Wer heute noch wie ein Barockmaler malt, gilt nicht mehr als Künstler mit eigener Kreativität, sondern als Nachahmer. Daß in unseren Küchen noch viele Künstlerinnen und Künstler wirken, wird durch die auch in diesem Buch enthaltenen Ideen und Anregungen bewiesen.

Süße Schmankerln zum Nachtisch

Ein Menü mit vielen Gängen zu speisen, das ist nicht unbedingt des Österreichers Sache. Freilich finden wir – im wahrsten Sinn des Wortes – gewichtige Ausnahmen. Bei den „feinen Leuten" durfte es immer etwas mehr sein. Die Wirtin vom Reiberstorfer in Altmünster hat mir einmal ein Kochbuch einer längst verstorbenen Verwandten gezeigt, die Köchin im Stift Schlägl war. In diesem Kochbuch waren nicht nur Rezepte angeführt, sondern auch Menüzusammenstellungen. Für festliche Tage waren da für die geistlichen Herren 18 bis 24 Gänge vorgesehen. In den feinen Haubenlokalen von heute werden zwar keine 18 Gänge mehr serviert, aber einige mehr als in der traditionellen bürgerlichen oder bäuerlichen Küche dürfen es schon sein.

Ein Alltagsessen in Oberösterreich bestand meist aus einer Suppe und einer Hauptspeise. An besonderen Tagen wurde auch eine Nachspeis' angeboten. Daran hat sich bis heute nicht viel geändert, höchstens, daß die Nachspeise nicht nur den Sonntagen oder den Feiertagen vorbehalten ist. Aber je mehr die Menschen beim Essen ans Gewicht denken, an das eigene nämlich, umso eher beschränken sie sich auch auf einen Gang, ohne zu bedenken, daß vielleicht gerade die Abwechslung auch während einer Mahlzeit etwas durchaus Zuträgliches wäre und man ja bei der Menge sparen könnte.

Die klassische Nachspeise in unseren Breiten ist süß. Die Torte gilt geradezu als Inbegriff dafür. Ein Fest ohne Torte ist eigentlich kein Fest. Ich erinnere mich noch an weniger kalorienbewußte Zeiten, in denen so mancher nach der Hauptspeise schon mehr als satt war. „Eine Torte hat aber immer noch Platz", hieß es regelmäßig, wenn diese serviert wurde.

Torten passen aber auch hervorragend zum Nachmittagskaffee, der gerade an Sonntagen und Feiertagen in vielen Familien seinen festen Platz im Zeitablauf hat. Zum Kaffee werden freilich auch viele andere Formen süßer Schmankerln serviert, Kipferln, Tatschkerln und vieles mehr. In den ersten Kapiteln unseres Buches finden Sie eine reiche Auswahl davon. Schon ein erster Überblick zeigt die Vielfalt und den Abwechslungsreichtum, von denen schon in der Einleitung des Buches die Rede war.

Würde jemand behaupten, daß Torten eigentlich nichts Österreichisches sind, man würde ihn auslachen. Ein Blick in die Vitrine einer Konditorei scheint der treffliche Gegenbeweis zu sein. Trotzdem fehlt das Wort „Torte" in den mittelalterlichen Wörterbüchern, wie der schon zitierte Franz Maier-Bruck in seinem Sacherkochbuch anführt. 1418 ist das Wort „Torte" erstmals aufgetaucht. Es kommt aus dem Italienischen. Insofern ist eine Torte auch etwas typisch Österreichisches. „La torta" heißt die runde Köstlichkeit bei unseren südlichen Nachbarn. Die Wurzel ist das lateinische „torquere", was soviel wie „drehen" bedeutet, sodaß „tortum" das Gedrehte ist. In Italien kann „la torta" übrigens auch ein Kuchen sein. Auch wenn die Torte bei uns erst 600 Jahre heimisch ist, sie wurde hier zu einer Vielfalt entwickelt, die ihresgleichen sucht. Schon beim Teig unterscheiden sich die Torten ganz wesentlich voneinander. Gleiches gilt für die Füllung oder die Auflage und die Glasur.

Mit der Linzer Torte kann unser Land mit einer weltbekannten Spezialität aufwarten. Erst vor wenigen Jahren hat ja die Linzer Historikerin Liselotte Schlager ein eigenes, köstlich zu lesendes Buch darüber verfaßt. Auch nach etlichen anderen Orten oder Städten sind Torten benannt. Manche Torten leiten ihren Namen von der Art ihrer Zubereitung ab, andere wieder sind nach berühmten Persönlichkeiten benannt, die sie entweder besonders gern gegessen oder als erste gebacken haben.

Daß die Torte die Festtagsmehlspeise schlechthin ist, zeigen uns die kunstvollen Formen, die zu besonderen Anlässen zubereitet werden. Berühmtestes Beispiel ist wohl die Hochzeitstorte, die in oft mehrstöckiger Ausführung unter dem Applaus der Gäste einer Hochzeitstafel serviert und dann von der Braut und dem Bräutigam gemeinsam angeschnitten wird. Viele von uns werden sich auch an die Geburtstagstorte erinnern, die Lieblingstorte, die die Mutter schon in der Kindheit zum besonderen Anlaß zubereitet hat.

Eine ehrwürdige Form der Mehlspeisen ist der Gugelhupf.

Er gilt auch als eine der besonders typischen Ausprägungen der österreichischen Küche. Aber schon die Römer haben ihn gekannt und wohl auch mit Genuß verspeist. Wer ein Museum mit Funden aus der Römerzeit besucht, wird oft eine Gugelhupfform entdecken. Woher das Wort kommt, darüber sind sich die Wissenschafter nicht einig. Tatsache ist, daß der Gugelhupf zu den beliebtesten Mehlspeisen gehört und in erster Linie zum Kaffee gereicht wird. Das gilt durchaus auch für das Frühstück an festlichen Tagen.

Damit sind wir bei den nächsten süßen Schmankerln angelangt, die wir behandeln wollen. Dalken, Tatschkerln, Pofesen – das böhmische Element der österreichischen Küche begegnet uns fast in Reinkultur. Ein „Tascherl" oder „Tatschkerl" ist ein gefülltes Teigstück, das sorgfältig in Form eines kleinen Täschchens zusammengelegt wird.

Dalken oder Dalkerln stammen auch von unseren nördlichen Nachbarn. Hier sei auch an das – fast schon nicht mehr verwendete – Eigenschaftswort „dalkert" erinnert, mit dem man einen gutmütigen, aber etwas tolpatschigen oder schwerfälligen Menschen bezeichnet. Woher die Pofesen ihren Namen haben, hat die Wissenschaft bis heute nicht feststellen können. Tatsache ist, daß sie schon im 14. Jahrhundert in einem Kochbuch erwähnt werden. Sie können auch als typisches Beispiel der Sparsamkeit gelten, werden zur Zubereitung doch Weißbrotschnitten oder Semmelschnitten vom Vortag, also Altbackenes, verwendet.

Ein paar Worte seien jetzt noch den Kipferln gewidmet. Auch sie begegnen uns in vielfältiger Form, vom herkömmlichen Frühstückskipferl, das wir beim Bäcker kaufen, bis zu Köstlichkeiten, die eine gute Hausfrau zu backen versteht. In ihrer Form wird der Mond nachgeahmt. Daß es sich dabei nicht um den türkischen Halbmond handelt, wie vielfach behauptet wird, geht daraus hervor, daß schon Jahrhunderte vorher in Klöstern des Alpenraumes mondförmige Gebäcke erwähnt sind. Da die Klöster das Erbe der römischen Antike bei uns pflegten, läßt das vermuten, daß vielleicht auch die Kipferln von der Tafel der feinen Römer auf uns überkommen sind.

Krapfen sind ein besonderes Kapitel der Mehlspeisen, wobei sie sowohl warm als auch kalt gegessen werden können. In diesem Kapitel hat Oberösterreich viel mitzureden. Krapfen sind häufig sehr eng mit Brauchtum verbunden. Man weiß nicht so recht, ob man dieses Schmalzgebäck unter den warmen Mehlspeisen oder unter den kalten abhandeln soll. Die handfesten Bauernkrapfen schmecken auch warm vorzüglich. Die feineren Krapferln hingegen nehmen einen ebenbürtigen Platz neben Torten und Kuchen ein. Der Wiener Küche werden die marmeladegefüllten Faschingskrapfen zugeordnet, wiewohl sie beileibe nicht nur in der Haupt- und Residenzstadt ihre Heimat haben. Sie erinnern aber daran, daß auch Mehlspeisen ihre Zeiten haben, zu denen sie gebacken und serviert werden sollten. Der Faschingskrapfen gehört nun einmal zum Fasching. Wenn er schon im Advent angeboten wird und erst nach Ostern aus den Regalen verschwindet, weil er den werten Kunden im warmen Sommer doch etwas zu schwer ist, ist es eigentlich schade um ihn, weil er dann vom Außergewöhnlichen zum Gewöhnlichen wird.

Ein großes Kapitel der süßen Schmankerln hat in diesem Buch keinen Platz mehr gefunden, es sind die vielen Formen des Festtagsgebäckes, besonders des Weihnachtsgebäckes. Sie werden im nächsten Jahr in einem eigenen Band behandelt werden, in dem dann auch auf die Verbindung von Gebäck und Brauchtum näher eingegangen werden wird.

Schwarzplententorte

Torte aus Buchweizenmehl:
25 dag weiche Butter
25 dag Zucker
6 Eier
25 dag Schwarzplentenmehl (Buchweizenmehl)
25 dag geriebene Mandeln
1 P. Vanillezucker
Preiselbeermarmelade zum Füllen

- Butter mit 15 dag Zucker und den Dottern flaumig rühren.
- Eiweiß zu steifem Schnee schlagen, restlichen Zucker dazugeben und gut ausschlagen.
- Mehl, Mandeln und Vanillezucker vermischen und abwechselnd mit dem Schnee vorsichtig unter den Teig heben.
- In befettete und bemehlte Springform füllen und bei mäßiger Hitze (180°) ca. 1 Std. backen. (Backprobe mit einem Holzstäbchen machen!)
- Den Kuchen auskühlen lassen, dann einmal durchschneiden.
- Mit Preiselbeermarmelade füllen und mit Staubzucker bestreuen.
- Mit Schlagobers servieren.

Anmerkung: Das Buchweizenmehl nicht zu fein mahlen. Die Torte schmeckt am besten, wenn sie 2–3 Tage vor dem Servieren gebacken wird.

Monika Doppler, Glaserstraße 8, 4040 Linz

Apfeltorte

4 Eier
25 dag Staubzucker
1 P. Vanillezucker
15 dag Öl
10 dag Nüsse (gerieben)
3–4 Äpfel (gerieben)
20 dag Mehl
1 P. Backpulver
2 Kl. Zimt
Schokoladenglasur:
20 dag Butter
20 dag Schokolade

- Dotter, Staubzucker und Vanillezucker schaumig rühren.
- Öl, Nüsse und das mit Backpulver versiebte Mehl daruntermengen.
- Die geriebenen Äpfel und den Zimt leicht unter die Masse heben und zum Schluß den Schnee darunterziehen.
- In einer befetteten und bemehlten Tortenform 60 Min. bei 180° backen.
- Nach dem Auskühlen mit einer Schokoladenglasur überziehen.

Heidi Reitinger, Wamprechtsham 64, 4762 St. Willibald

Müslitorte

Teig:

4	*Eier*	
4 EL	*Wasser*	
10 dag	*Zucker*	
1 P.	*Vanillezucker*	
16 dag	*Weizenvollmehl*	
1/2 P.	*Backpulver*	

Fülle:

25 dag	*Topfen*	
2	*Eier*	
1/2 B.	*Joghurt (oder 1 B. Jogurella)*	
	Saft und Schale von 1 Zitrone	
6 Bl.	*Gelatine*	
	etwas Rum	
9 dag	*Rohrzucker*	
1/4 l	*Schlagobers*	
10 dag	*Müsli*	
30 dag	*Beeren*	

- Dotter, Wasser, Zucker und Vanillezucker schaumig rühren.
- Mehl, Backpulver und Schnee unterheben,
- bei 170–180° ca. 40 Min. backen.

Fülle:

- Topfen, Dotter, Joghurt, Zitronenschale und -saft sowie Zucker schaumig rühren.
- Gelatine in kaltem Wasser einweichen, in etwas heißem Rum auflösen und unter die Topfenmasse rühren.
- Schlagobers, Schnee, Müsli und kleingeschnittenes Obst unterheben.
- Torte einmal durchschneiden.
- Boden mit Marmemalde bestreichen und in die Form zurückgeben;
- mit Backpapier umlegen, füllen und zweite Torten-hälfte draufgeben.
- Über Nacht in den Kühlschrank stellen.

Anita Eder, Lehen 32, 4292 Kefermarkt

Panama-Torte

Masse:

7	Eier
7 dag	Staubzucker
1 P.	Vanillezucker
	geriebene Zitronenschale
9 dag	Kochschokolade
14 dag	geriebene Mandeln

Creme:

2	Eier
6 dag	Schokolade
14 dag	Zucker
14 dag	Butter oder Margarine

Belag:

10 dag	Mandeln
1 EL	Kristallzucker

Verzierung:

1/8 l	Schlagobers
	Zucker nach Geschmack
6 dag	geriebene Kochschokolade
	halbierte kandierte Kirschen

- Dotter mit Staubzucker schaumig rühren, die erweichte Schokolade dazurühren, Vanillezucker und geriebene Zitronenschale beifügen.
- Klar zu festem Schnee schlagen, die Dottermasse und die geriebenen Mandeln unter den Schnee ziehen.
- Die Masse in eine mit Backpapier ausgelegte Springform (Durchmesser 24 cm) füllen und im vorgeheizten Backrohr bei 160° 1 Stunde backen;
- Torte auskühlen lassen (am besten am Vortag backen).

Creme:

- Zucker, Butter, Eier und die erweichte Schokolade in einer Kasserolle unter ständigem Rühren zum Kochen bringen.
- Wegstellen, auskühlen und im Kühlschrank fest werden lassen.
- Die Torte in der Mitte auseinanderschneiden und mit der aufgerührten, kalten Creme füllen;
- wieder zusammensetzen und kaltstellen.
- Mandeln für den Belag hacken und in einer Pfanne mit darübergestreutem Kristallzucker goldbraun rösten.
- Schlagobers steif schlagen und geriebene Schokolade unterrühren.
- Die Torte oben und seitlich mit der Creme bestreichen.
- Mit Hilfe von Dressiersack und Sterntülle werden am Tortenrand Rosetten aufgespritzt, die man mit halben kandierten Kirschen belegt.
- Die freibleibende Tortenoberfläche bestreut man mit den gerösteten, ausgekühlten Mandeln.

Erika Zinsberger, Hyrtlstraße 16, 4050 Traun

Topfentorte mit Schneehaube

Mürbteig:	
10 dag	glattes Mehl
	Salz
	Zucker nach Geschmack
7 dag	Butter oder Rama
1	Dotter
	etwas Backpulver
	etwas Rum
Fülle:	
1/4 kg	Topfen
	etwas Zucker
1 P.	Vanillezucker
5 dag	Butter oder Rama
2	Dotter
Windmasse:	
3	Klar
	etwas Zitronensaft
14 dag	Zucker

- Zutaten für den Teig verkneten,
- 30 Min. kalt rasten lassen.
- Teig ausrollen, in befettete Tortenform drücken,
- hell backen.

Fülle:
- Butter, Zucker und Dotter abrühren,
- Topfen darunter mischen,
- auf abgekühlten Teig streichen (nicht ganz an den Rand).

Windmasse:
- Aus den 3 Klar steifen Schnee schlagen,
- Zitronensaft einmengen und mit Zucker ausschlagen.
- Schneemasse auf die Topfenfülle streichen.
- Bei nicht so hoher Temperatur langsam backen.

Anmerkung: Topfen- und Windmasse gleich auf den Teig aufbringen – ohne Vorbacken, dafür beim Backen mehr Unterhitze geben.

Gertrud Freilinger, Schärdingerstraße 11, Ried/I.
Margaretha Bankhammer, Watzing 5, St. Georgen/Attergau

Schneetorte

7	Klar
20 dag	Staubzucker
15 dag	Mehl
10 dag	geriebene Schokolade
15 dag	zerlassene Butter

- Die Klar zu sehr festem Schnee schlagen, ein Drittel des Zuckers einschlagen,
- restlichen Zucker, Mehl, Schokolade und zerlassene Butter vorsichtig einrühren.
- Rasch in eine befettete, bemehlte Tortenform geben und bei 160° ca. 1 Std. backen.
- Auskühlen lassen und nach Belieben mit Creme oder Marmelade füllen und mit beliebiger Glasur überziehen.

Elfriede Baminger, Alpenblickstraße 40, 4060 Leonding

Topfen-Marillentorte

15 dag	Mehl
10 dag	Butter
5 dag	Staubzucker
	etwas Salz
1/2 P.	Vanillezucker

Fülle:

50 dag	Topfen
12 dag	Staubzucker
6 dag	Butter
1/2 P.	Vanillecreme (Puddingpulver)
1	Ei
1	Dotter
	Schale von 1/2 Zitrone
1/2 P.	Vanillezucker
50 dag	Marillen (frisch oder aus der Dose)
1/2 P.	Tortengelee (weiß)

- Mehl, Butter, Staubzucker, Salz und Vanillezucker rasch zu einem mittelfesten Teig kneten,
- im Kühlschrank 1/2 Std. rasten lassen.
- Dann eine große, befettete Tortelette- oder Tortenform mit 24/26 cm Durchmesser damit auslegen.
- Bei 200° ca. 10 bis 15 Min. leicht goldgelb backen.
- Topfen, Zucker, Butter, Cremepulver, Ei, Dotter, Zitronenschale und Vanillezucker glattrühren und auf die Torte streichen.
- Die in Spalten geschnittenen Marillen darauf verteilen.
- Bei 180° ca. 45 Min. backen.
- Zuletzt mit heißem, nach Vorschrift zubereitetem Tortengelee überziehen.

Renate Egarter, Mühlbach 39, 4801 Traunkirchen

Linzertorte „Pfarrhof"

17 dag	Butter
17 dag	Vollzucker
17 dag	geriebene Mandeln
17 dag	Weizenvollmehl
1 KL	Backpulver
	etwas Salz
	Zimt
	Nelkenpulver
4	Eier
25 dag	Ribiselmarmelade
	gehobelte Mandeln

- Mehl, Backpulver, Zimt, Nelkenpulver und Mandeln vermischen.
- Butter und Zucker flaumig rühren, die Dotter dazurühren.
- Eiweiß sehr fest schlagen und abwechselnd mit dem Mehl-Mandelgemisch in den Abtrieb mengen.
- 2/3 der Masse in eine vorbereitete Tortenform füllen,
- selbstgemachte Ribiselmarmelade darüberstreichen,
- aus dem restlichen Teig ein Gitter darüberdressieren (den Teig bei Bedarf mit Milch verdünnen).
- Eventuell gehobelte Mandeln darüberstreuen.
- Bei Mittelhitze ca. 1 Std. backen.

Irmgard Sickinger, Manglburg 27, 4710 Grieskirchen

21

Topfen-Haselnußtorte

21 dag	Mehl
1 KL	Backpulver
12 dag	Butter
1	Ei
6 dag	Staubzucker
	Zitronenschale
1 P.	Vanillezucker
Fülle:	
7 dag	Butter
1 P.	Vanillezucker
4	Dotter
	Salz
	Saft und Schale von 1/2 Zitrone
25 dag	Topfen (10 % Fett)
4	Klar
10 dag	Staubzucker
7 dag	Haselnüsse, gerieben

- Mehl und Backpulver versieben, mit den übrigen Zutaten zu einem Mürbteig verarbeiten,
- eine halbe Stunde rasten lassen.

Fülle:
- Butter, Vanillezucker, Dotter, Zitronensaft, Zitronenschale und Salz schaumig rühren,
- den Topfen daruntermischen.
- Klar zu Schnee schlagen, mit dem Staubzucker ausschlagen und mit geriebenen Haselnüssen unter den Abtrieb ziehen.
- Eine befettete Tortenform mit dem Mürbteig auslegen, füllen und im vorgeheizten Backrohr bei 160° backen.
- Ca. 1 Std. lang auskühlen lassen.
- Vor dem Anschneiden anzuckern.

Johanna Schwarzlmüller, Grünbrunn 1, 4491 Niederneukirchen

Spinattorte

6	Eier
24 dag	Zucker
1 KL	Vanillezucker
18 dag	Mehl
1 Msp.	Backpulver
1 kl. P.	Spinat, passiert
1/4 l	Schlagobers
	Schokoladeglasur

- Dotter, Zucker und Vanillezucker schaumig rühren.
- Schnee schlagen und
- abwechselnd mit dem mit Backpulver versiebten Mehl unterheben.
- Den Spinat ausdrücken und unterheben.
- Die Masse in eine Ringform füllen und 1 Std. bei 180° backen, Temperatur zurückschalten.
- Die Torte erkalten lassen,
- 1/4 l Schlagobers steifschlagen,
- die Torte durchschneiden und mit Obers füllen,
- mit Schokoladeglasur überziehen.

Anmerkung: Glasur – siehe Wachauer- oder Schokoladetorte

Rosa Lösch, Fachberg 1, 4892 Fornach

Himbeertorte aus feinem Biskuit

4	*Eier*
10 dag	*Staubzucker*
11 dag	*glattes Mehl*
8 dag	*Butter*
1/2 P.	*Vanillinzucker*
	abgeriebene Schale von 1/2 Zitrone
1/4 P.	*Backpulver*
25 dag	*frische oder tiefgekühlte Himbeeren*
2 cl	*Himbeergeist*
2 P.	*Tortengelee (rot)*

- Die Dotter mit der Hälfte des gesiebten Zuckers, des Vanillinzuckers und der Zitronenschale sehr schaumig rühren.
- Die Klar zu Schnee schlagen, mit dem restlichen Zucker ausschlagen,
- mit der zerlassenen Butter unter die Dottermasse heben.
- Zuletzt vorsichtig das mit Backpulver versiebte Mehl einrühren.
- Die Masse in einer gebutterten, bemehlten Tortenform bei 180° etwa 40 Min. backen (eventuell auf 170° zurückschalten).
- In der Form erkalten lassen.
- Die Torte mit den mit Himbeergeist marinierten Himbeeren belegen,
- das Tortengelee lt. Packungsvorschrift zubereiten und über die Himbeeren gießen.
- Die Torte erst nach dem völligen Erstarren des Gelees portionieren.

Elfriede Hartl, Schaunburgerstraße 14, 4070 Eferding

Mohntorte aus Bad Schallerbach

15 dag	Butter oder Margarine
5	Eier
20 dag	Zucker
20 dag	Mohn
7–8 dag	Nüsse oder Mandeln
5 dag	geschnittenes Zitronat
1 P.	Vanillezucker
1	Stamperl Rum
	Zimt nach Geschmack
	Ribiselmarmelade
	Schoko- oder Zitronenglasur

- Butter mit Zucker und Dotter flaumig rühren.
- Klar mit 5 dag Zucker steif schlagen.
- Geriebenen Mohn, Nüsse, Rum und Zimt mit dem Eischnee unter die Dottermasse ziehen.
- Tortenform mit 24 cm Durchmesser befetten und mit Bröseln oder Mehl bestäuben.
- Masse einfüllen und bei 180° 1 Std. backen.
- Erkalten lassen,
- mit Marmelade füllen und glasieren.

Anmerkung: Als Variante Torte nur mit Marmelade bestreichen und mit blättrig gehobelten Mandeln bestreuen.

Otto Reiser, Joh.-Strauß-Str. 2, 4701 Bad Schallerbach

Mohntorte mit Äpfeln

10	Eier
40 dag	Staubzucker
1 P.	Vanillezucker
25 dag	Haselnüsse, gerieben
25 dag	Mohn, gerieben
8 Stk.	mittlere Äpfel, geschält und gerieben
	passierte Ribiselmarmelade
	Schokoladeglasur
	Eiweißglasur

- Dotter, Staubzucker und Vanillezucker schaumig rühren, dann Äpfel unterziehen, anschließend den Eischnee mit Mohn-Nußgemisch unterheben.
- 1 Std. Backzeit bei 220°, fallend auf 190° (bei Heißluftherd von 180° fallend auf 160°).

Dekoration:

- Mit heißer, passierter Ribiselmarmelade überpinseln und mit Schokoladeglasur überziehen.
- In die noch flüssige Schokoladeglasur mit Papierspritztüte und Eiweißglasur dünne Linien ziehen und mit einem Messer quer zu den Linien ritzen.

Eiweißglasur:

- Staubzucker mit etwas Klar gut abrühren.

Anmerkung: Die Torte bedarf keiner Fülle, da sie äußerst mürbe und saftig ist.

Rudolf Höglinger, Gusenstraße 20, 4223 Katsdorf

Traunkirchner Torte

Mürber Teig:

27 dag	Mehl
9 dag	Zucker
1	Prise Salz
18 dag	Butter
2	Dotter

Creme 1:

5 dag	Staubzucker
5 dag	Marmelade
1	Klar

Creme 2:

15 dag	Staubzucker
1/16 l	schwarzer Kaffee
3	Klar

- Mürbteig zubereiten und 1/2 Std. rasten lassen.
- 4 Tortenböden auswalken und auf Backtrennpapier backen.
- Nach dem Erkalten abwechselnd mit Creme 1 und Creme 2 bestreichen.

Creme 1:
- Staubzucker, Marmelade und Klar werden bis zum Schaumigwerden verrührt.

Creme 2:
- Staubzucker, starker Kaffee und Klar werden über Dampf (jedoch nicht zu heiß) dickschaumig geschlagen.

Gertraud Knasmüller, Neinergutstraße 19, 4600 Wels

Linzer Kirschentorte

30 dag	Mehl
1/2 P.	Backpulver
15 dag	Butter
7 dag	geriebene Nüsse
12 dag	Staubzucker
1 P.	Vanillezucker
2	Eier
	Schale von 1 Zitrone
1 KL	Zimt
1 Msp.	Nelkenpulver

Fülle:

25 dag	entkernte Kirschen
2 EL	Semmelbrösel
1/2	versprudeltes Ei
2 dag	gehobelte Mandeln

- Mehl mit Backpulver und Butter verbröseln,
- Nüsse, Zucker, Vanillezucker, Eier, Zitrone und Gewürze dazugeben und rasch zu einem Teig kneten.
- Kühl etwa eine halbe Stunde rasten lassen.
- Tortenform befetten und mit der Hälfte des Teiges den Boden auslegen.
- Semmelbrösel daraufstreuen und dicht mit Kirschen belegen, dabei einen Rand freilassen.
- Den Großteil des restlichen Teiges länglich ca. 1/2 cm dick ausrollen,
- in 1 cm breite Streifen schneiden und damit ein Gitter auf die Torte legen.
- Aus dem übrigen Teig eine Rolle formen und damit den Rand auslegen.
- Die Oberfläche mit versprudeltem Ei bestreichen und mit gehobelten Mandeln bestreuen.
- Im vorgeheizten Rohr bei 175° ca. 60–70 Min. backen.

Maria Obermüller, Rennersdorf 3, 4083 Haibach

Süßer Erdbeerschmetterling

3	*Eier*
15 dag	*Zucker*
1 P.	*Vanillezucker*
15 dag	*Mehl*
1/2 P.	*Backpulver*

Fülle und Verzierung:

25 dag	*Erdbeeren*
20 dag	*Erdbeermarmelade*
1/2 l	*Schlagobers*
1 P.	*Sahnesteif*

Belag:

25 dag	*Erdbeeren*
1/2	*Kiwi*
2	*Schokoladestangerln (Stikkato)*

- 3 Klar zu Schnee schlagen, Zucker und Dotter langsam einrühren und zuletzt Mehl und Backpulver untermengen.
- Bei 180° ca. 35 Min. in einer mit Pergamentpapier ausgelegten Springform backen.
- Die erkaltete Torte 1mal durchschneiden, mit erwärmter Erdbeermarmelade bestreichen und die blättrig geschnittenen Erdbeerstückchen kreisförmig darauflegen.
- Den zweiten Tortenboden darauflegen und kaltstellen.
- Später die Torte in der Mitte durchschneiden und mit den gewölbten Seiten zueinander auf eine Tortenplatte legen.
- Das Schlagobers halbsteif schlagen, Sahnesteif zufügen und ganz steif schlagen,
- 8 Eßlöffel davon beiseite geben.
- Die Tortenoberfläche und die Ränder mit Schlagobers bestreichen.
- Das beiseite gestellte Obers in eine Garnierspritze füllen und Tortenränder verzieren.
- Die restlichen Erdbeeren und die Kiwi in Scheiben schneiden und die Torte damit dekorativ belegen.
- Zum Schluß die Schokoladestangerln als Fühler einsetzen. Torte muß nochmals kaltgestellt werden.

Gabriele Pleiner, Am Ipfbach, 4490 St. Florian

₁rillenschaumtorte

8 dag	Butter
8 dag	Schokolade
8 dag	Staubzucker
8 dag	Nüsse, gerieben
4	Dotter
4	Klar
2 dag	Staubzucker
2 dag	Brösel
	etwas Rum

Schaummasse:

10 dag	Marillenmarmelade
3–5 dag	Staubzucker
3 Bl.	Gelatine
3 EL	Weißwein
1/4 l	Obers
	Schokoladeraspel

- Butter, Zucker, Dotter und erweichte Schokolade flaumig rühren,
- steifen Schnee mit 2 dag Zucker ausschlagen und abwechselnd mit den trockenen Zutaten unterziehen.
- Bei 180° in einer befetteten, bemehlten Tortenform backen. Aus der Form stürzen und erkalten lassen.
- Torte in sauberen Tortenreifen stellen, mit Backpapierstreifen umgeben, Fülle eingießen und erstarren lassen.
- Als Verzierung Schokoladeraspel auf die Oberfläche streuen.

Zubereitung Schaummasse:
- Marmelade und Zucker glattrühren,
- eingeweichte Gelatine in wenig Wasser auf kleiner Flamme schmelzen, überkühlen. Gelatine in die Marillenmasse einlaufen lassen und gut durchrühren.
- Das geschlagene Obers einmengen.

Herta Wührer, Niederholzham 49, 4690 Schwanenstadt

Nußtorte nach Omas Art

20 dag	Zucker
8	Eier
20 dag	Nüsse
8 dag	Brösel
2 EL	Rum
	Fett und Mehl für die Form

Fülle:

10 dag	Butter
5 dag	Zucker
	etwas Vanillezucker
5 dag	geriebene Nüsse
1/6 l	Milch

- Dotter und Zucker sehr schaumig rühren,
- Nüsse einmengen, zum Schluß steifen Schnee und die mit Rum befeuchteten Brösel unterheben.
- In befetteter, bemehlter Form im auf ca. 170° vorgewärmten Rohr backen.
- Ausgekühlte Torte durchschneiden, füllen und bezuckern oder mit einer Glasur überziehen.

Fülle:
- Nüsse in Milch aufkochen, auskühlen lassen.
- Butter, Zucker und Vanillezucker schaumig rühren,
- Nüsse einrühren.

Glasur:
- Schokoladeglasur von Wachauer Torte oder Kaffeeglasur bzw. weiße Glasur.

Anneliese Steiner, Lupinengang 13, 4048 Puchenau

Schokotorte

25 dag	Butter
25 dag	Zucker
8	Dotter
25 dag	Mandeln oder Haselnüsse (fein gerieben)
	Schnee von 6 Klar
2	Rippen Schokolade
	abgeriebene Schale von 1 ungespritzten Zitrone
7 dag	mit Rum befeuchtete Brösel

Glasur:

25 dag	Schokolade
ca. 15 dag	Butter oder Margarine

- Butter und 1/3 Zucker sehr flaumig rühren. Nach und nach die Dotter einrühren.
- Geriebene Schokolade, Zitrone, Mandeln und Brösel beigeben,
- Schnee fest schlagen, mit restlichen 2/3 Zucker ausschlagen und unter die Masse heben.
- Die Torte in befetteter, bemehlter Form im mittelheißen Backrohr ca. 70 Min. backen . Bei ca. 170–160° zurückschalten.
- Nach dem Auskühlen mit Marmelade bestreichen, mit Glasur überziehen, z. B. mit Schokoladeglasur:
- Schokolade im Wasserbad schmelzen, nur lippenwarm werden lassen,
- Butter oder Margarine beimengen, verstreichen.

Rosa-Maria Aichinger, Unterhauserstraße 1, 4484 Kronstorf

Gedeckte Apfeltorte

30 dag	Mehl
2 KL	Backpulver
10 dag	Zucker
1 P.	Vanillezucker
1	Prise Salz
1	Ei
1 EL	Milch
15 dag	Butter

Fülle:

1–1 1/2 kg	Äpfel
1–2 EL	Wasser
2–3 EL	Zucker
1/2 KL	Zimt
15 dag	Rosinen
1	Schuß Rum

- Die Äpfel dünsten und erkalten lassen.
- Mehl mit Backpulver und Salz vermischen.
- Butter hineinschneiden, abbröseln,
- Zucker zugeben, mit Ei und Milch verkneten.
- Halbe Teigmenge in befettete Tortenform geben.
- 15 Min. bei 200° backen,
- Apfelmus darauf verteilen,
- restlichen Teig auflegen, mit Ei bestreichen, fertig backen.

Anmerkung: Teigplatten einstechen.

Marianne Spiessberger, Mattigstraße 86, 5280 Braunau

Vollwert-Apfeltorte

25 dag	Vollwertweizenmehl
12 dag	Butter
1	Ei
	Schale v. 1/2 Zitrone
	etwas Salz
75 dag	Äpfel
4 dag	ungeschwefelte Rosinen
	Saft von 1/2 Zitrone
2 EL	Honig
1/4 l	Rahm
2	Dotter
1	Ei
4 EL	Honig
1 Msp.	Zimt

- Mehl, Butter, Ei, geriebene Zitronenschale und etwas Salz rasch zu einem Mürbteig kneten,
- ca. 30 Min. rasten lassen.
- Den Teig ca. 4 mm dick ausrollen,
- eine befettete Tortenform von etwa 24 cm Durchmesser damit auslegen, dabei einen etwa 2 cm hohen Rand fertigen.
- Die Äpfel schälen, entkernen, in Viertel schneiden, in einer Schüssel mit Zitronensaft, Honig und Rosinen vermischen und etwas ziehen lassen.
- Die marinierten Apfelstücke auf den Teigboden legen und im Rohr bei 180° ca. 15 Min. backen.
- Sauerrahm mit Dottern, Ei, Honig und etwas Zimt glattrühren.
- Über die Äpfel gießen und etwa 20 Min. fertigbacken.
- Lauwarm oder kalt servieren.

Maria Obermüller, Rennersdorf 3, 4083 Haibach

Weiße Linzertorte

23 dag	Butter
5	Dotter
12 dag	Zucker
1 P.	Vanillezucker
	Zitronenschale
25 dag	Mehl
10 dag	geriebene Mandeln
Belag:	
1	runde Oblate, 24 cm Durchmesser
Zum Bestreichen:	
5-6 EL	Ribiselmarmelade
Zum Bestreuen:	
5 dag	Mandelstifte
	etwas Staubzucker

- Butter flaumig rühren, nach und nach Dotter, Zucker, Vanillezucker und Zitronenschale dazurühren.
- Zum Schluß Mehl und Mandeln einmengen.
- 2/3 des Teiges in eine befettete und bemehlte Form füllen.
- Oblate auf den Teig legen, mit Marmelade bestreichen.
- Den restlichen Teig bei Bedarf mit etwas Milch verdünnen und auf die Torte spritzen, mit Mandelsplittern bestreuen,
- bei 175° ca. 55–60 Min. backen.

Barbara Doplbauer, Linzer Straße 6, 4070 Eferding

29

Trüffeltorte

5	Eier
15 dag	Zucker
1 P.	Vanillezucker
6 dag	Schokolade
3 EL	Öl
12 dag	geriebene Nüsse oder Mandeln
5 dag	Dinkelmehl

Parisercreme:

1/4 l	Schlagobers
25 dag	Schokolade
2 EL	Rum
4 dag	Ceres soft

Verzierung:

gehackte Nüsse oder Schokospäne

- Dotter und Zucker schaumig rühren,
- Schokolade mit Öl gut verrühren, mit den Nüssen kurz in Dottermasse einrühren.
- Schnee schlagen,
- Mehl und Schnee abwechselnd unterheben, in befettete, bemehlte Form füllen.
- Bei 170 ° ca. 3/4 bis 1 Stunde backen.
- Torte auskühlen lassen, durchschneiden, mit Parisercreme füllen und bestreichen.
- Mit gehackten Nüssen oder Schokospänen bestreuen.

Parisercreme:
- Schlagobers und Schokolade aufkochen, rühren,
- Rum und Ceres einrühren, kalt stellen.
- Kalte Creme schaumig rühren.

Theresia Pöchtrager, Simaden 33, 4171 St. Peter

Maroni-Oberstorte

Tortenmasse:

5	Eier
10 dag	Honig
10 dag	Rohrohrzucker
10 dag	gemahlene Mandeln (mit Schale)
5 dag	Brösel
40 dag	gekochte und passierte Maroni
1	Prise Salz
1	Prise Zimt

Fülle:

1/2 l	Schlagobers
20 dag	passierte Maroni
10 dag	Rohrohrzucker Vanillezucker

Torte:
- Die Dotter mit Honig, Salz, Zimt und Rum schaumig rühren,
- das Eiweiß steif schlagen, mit Rohrohrzucker ausschlagen und unter die Dottermasse heben.
- Zuletzt die trocken vermischten Mandeln, Brösel und Maroni dazumengen.
- Torte bei 170–180° etwa 1 Std. lang backen.

Fülle:
- Das Obers steif schlagen, Rohrohrzucker einschlagen,
- anschließend die passierten Maroni und den Vanillezucker unterheben.
- Eventuell mit Rum abschmecken.
- Torte füllen und bestreichen, eventuell mit Maronireis bestreuen oder mit Schoko-Maroni belegen.

Katharina Schwarz, Wolfsedt 2, 4775 Taufkirchen

Wachauertorte

14 dag	Staubzucker
7	Eier
14 dag	geriebene Nüsse
2 1/2	Rippen geriebene Kochschokolade
3 EL	Semmelbrösel

Creme:

14 dag	Butter
14 dag	Staubzucker
2	Eier
2 1/2	Rippen Kochschokolade
	gebräunte, gestiftelte Mandeln

- Zucker und Dotter schaumig rühren.
- Nüsse, Schokolade und Semmelbrösel abwechselnd mit dem Schnee dazugeben.
- In befettete, bemehlte oder mit Backpapier ausgelegte Form (Durchmesser 24 cm) füllen.
- Ca. 1 Stunde bei 170° backen.

Creme:
- Aus Butter, Zucker, den ganzen Eiern und der zerlassenen Schokolade eine Creme rühren.
- Die Torte füllen und oben und seitlich mit Creme bestreichen, dann mit den gebräunten, gestiftelten Mandeln bestreuen.

Anmerkung: Man kann die Torte auch mit Marmelade bestreichen und mit Schokoladeglasur überziehen!

Glasur:
- 20 dag Kochschokolade im Wasserbad lauwarm schmelzen und mit 20 dag Schlagobers verrühren. (Glasur muß Löffelrücken überziehen!)

Kornelia Radauer, Bahnhofstraße 39, 4070 Eferding

Weincremetorte mit Himbeerguß

Biskuit:

4	Eier
4 EL	Wasser
20 dag	Zucker
20 dag	Mehl
1 KL	Zitronenschale

Weincreme:

1/2 l	Weißwein
12,5 dag	Zucker
8 Bl.	weiße Gelatine
2 EL	Zitronensaft
4 dag	Speisestärke
1/4 l	Schlagobers

Himbeerguß:

1 P.	tiefgefrorene Himbeeren
3 EL	Wasser
3 EL	Zucker
1 P.	Tortenguß (rot)

Biskuit:
* Dotter und heißes Wasser schaumig schlagen.
* 2/3 des Zuckers löffelweise einrieseln lassen, schaumig rühren.
* Klar steif schlagen, restlichen Zucker darunter schlagen.
* Eischnee auf die Schaummasse geben, Mehl und Zitronenschale darübersieben, einmelieren.
* In einer Tortenform mit 28 cm Durchmesser 50 Min. bei 170–180° backen.
* Am nächsten Tag einmal durchschneiden (Boden etwas dicker lassen), die Innenseite mit Marillenmarmelade bestreichen.

Weincreme:
* Speisestärke mit Wein, Zitronensaft und Zucker glattrühren, unter ständigem Rühren zum Kochen bringen, einmal aufkochen lassen.
* Gelatine einweichen, ausdrücken und in der heißen Creme auflösen. Abkühlen lassen.
* Obers steif schlagen, die Weincreme durchschlagen und mit dem Schlagobers vermischen. Weincreme auf den Tortenboden füllen, Tortendeckel darüber, andrücken. Mit Himbeermarmelade bestreichen.

Himbeerguß:
* Aufgetaute Himbeeren mit Wasser, Zucker und Tortengußpulver unter ständigem Rühren zum Kochen bringen.
* Die Torte sofort damit überziehen.
* Über Nacht in den Kühlschrank stellen.

Anmerkung: Kalt schmeckt sie am besten.

Ingeborg Sumerauer, 4831 Obertraun 29

Bauernhochzeitstorte

Biskuitmasse:	
4	Dotter
15 dag	Zucker
	Zitronenschale
4	Klar
8 dag	Mehl
Brotmasse:	
6	Dotter
21 dag	Zucker
6	Klar
21 dag	Nüsse
3 dag	Schokolade
5 dag	Hausbrotbrösel
2 EL	Rum
10 dag	Marmelade
	Punschglasur

Biskuit:
- Dotter und Zucker schaumig rühren, Schnee, Mehl und Zitronenschale unterheben.
- 2 Tortenformen befetten und bemehlen oder mit Backpapier auslegen.
- Masse in kleinerer Tortenform bei ca. 190° 50 Min. backen.

Brotmasse:
- Dotter und Zucker schaumig rühren,
- Schnee, geriebene Nüsse, Schokolade und mit Rum befeuchtete Brösel unterheben und die Masse in einer größeren Tortenform ca. 60–70 Min. backen (Temperatur eventuell zurückschalten).
- Ausgekühlte Torten mit Marmelade füllen, zusammensetzen, mit Marmelade bestreichen und mit Punschglasur überziehen und verzieren.

Anmerkung: Für die Punschglasur kann man fertigen Fondant kaufen, den man im Wasserbad aufwärmt und mit Rum und Rote-Rüben-Saft verdünnt und färbt.

Theresia Hartl, Breiningsham 11, 4922 Geiersberg

Muttertagstorte

10 dag	Butter
6	Dotter
15 dag	Staubzucker
15 dag	Schokolade
15 dag	Mandeln, fein gemahlen
1 P.	Vanillezucker
10 dag	Mehl
1 Msp.	Backpulver
6	Klar
Fülle und Verzierung:	
	Kirschenmarmelade
10 dag	Rohmarzipan
	Rum
1/4 l	Schlagobers
	einige Cocktail-kirschen

- Weiche Butter mit Dottern, Staubzucker, der erweichten Schokolade, Mandeln und Vanillezucker flaumig rühren.
- Das mit Backpulver versiebte Mehl und die steif geschlagenen Klar leicht unterheben.
- Die Masse in eine gut gebutterte und gemehlte Form füllen und bei nicht zu großer Hitze (ca. 170–180°) 1 Stunde backen.
- Nach dem Auskühlen in der Mitte durchschneiden.
- Rohmarzipan mit etwas Staubzucker und einem Löffel Rum verkneten.
- Auswalken und nach der Tortenform rund ausschneiden.
- Eine Tortenhälfte mit Kirschenmarmelade bestreichen und mit der Marzipanplatte belegen.
- Zweite Tortenhälfte darauflegen, mit Rum beträufeln, mit Schlagobers bestreichen und mit Cocktailkirschen verzieren.

Eleonore Fellner, Traungasse 10, 4810 Gmunden

Feine Zwetschkentorte

Mürbteig:

12,5 dag	Mehl
1 KL	Backpulver
4 dag	Zucker
1/2 P.	Vanillezucker
6 dag	Butter
1	Eigelb

Belag:

3 EL	Zwetschkenmus

Rührteig

12,5 dag	Butter
10 dag	Zucker
1	Ei
	etwas abgeriebene Zitronenschale
6,5 dag	Mehl
6,5 dag	Maizena
1 KL	Backpulver

Belag:

75 dag	Zwetschken (oder Pflaumen)
5 dag	Zucker

Baisermasse:

2	Eiweiß
10 dag	Zucker
1 EL	Mandelblättchen

- Mehl und Backpulver auf ein Brett sieben und in die Mitte eine Vertiefung drücken.
- Zucker, Vanillezucker und Fettflöckchen auf den Rand verteilen, Eigelb in die Mitte geben und alles miteinander gut verkneten.
- Den Mürbteig ca. 1/2 Std. abgedeckt kühl rasten lassen.
- Dann auf einem Springformboden (Durchmesser 28 cm) ausrollen und mit einer Gabel einstechen,
- den Rand der Springform umlegen und den Mürbteig 10 Min. im Backofen bei 225° backen.
- Den abgekühlten Mürbteig dünn mit Zwetschkenmus bestreichen.

Rührteig:
- Für den Rührteig Fett und Zucker schaumig rühren.
- Ei und Zitronenschale darunterrühren, Mehl, Maizena und Backpulver einmengen.
- Den Teig auf den mit Zwetschkenmus bestrichenen Tortenboden geben und glattstreichen.
- Die Zwetschken waschen, halb aufschneiden und aufklappen.
- Den Kern entfernen.
- Die Zwetschkenhälften oben und unten ca. 1 cm einschneiden und sehr dicht nebeneinander auf dem Rührteig verteilen, wobei die Spitzen ein wenig in den Teig gedrückt werden.
- Die Torte im Backofen bei 200° ca. 50–60 Min. backen.
- Für die Baisermasse Eiweiß steif schlagen und ein Drittel der Zuckermenge unterrühren.
- Weiterschlagen, bis sich der Zucker gelöst hat.
- Zum Schluß den restlichen Zucker dazugeben. Die Baisermasse in die Mitte der Torte geben.
- Mit einem Löffel Vertiefungen in die Masse drücken. Mandelblättchen darüberstreuen und im sehr heißen Backrohr (250°) ca. 5–8 Min. überbacken.
- Die Torte etwas abkühlen lassen.
- Den Springformring und den Tortenboden lösen und die Zwetschkentorte auf eine Tortenplatte setzen.

Erika Zinsberger, Hyrtlstraße 16, 4050 Traun

Fruchtrolle

Biskuit:	
6	ganze Eier
8 dag	Zucker
1 EL	warmes Wasser
8 dag	Mehl
Creme:	
12 dag	Butter
10 dag	Zucker
1	Dotter
25 dag	Topfen
	Zitronenschale
1–2	Bananen
1	Orange
	Zucker zum Bestreuen

Biskuit:
- Eier, Zucker und Wasser sehr schaumig rühren,
- Mehl dazumengen, auf ein mit Backpapier ausgelegtes Blech streichen,
- bei 200° ca. 10 Min. backen,
- noch heiß einrollen!

Creme:
- Butter, Zucker und Dotter verrühren, mit Topfen und Zitronenschale vermischen,
- die erkaltete Biskuitrolle mit Topfencreme bestreichen,
- abwechselnd mit in Streifen geschnittenen Bananen und Orangenspalten belegen,
- wieder vorsichtig einrollen, anzuckern.

Anmerkung: Schmeckt erfrischend und gut!

Maria Antonia Standfest, Höferweg 50, 4120 Neufelden

Kakaoroulade

6	Klar
16 dag	Kristallzucker
1 P.	Vanillezucker
6	Dotter
11 dag	glattes Mehl
1/2 KL	Backpulver
3 dag	Kakao

- Klar zu Schnee schlagen, Kristall- und Vanillezucker einschlagen,
- Dotter unterziehen,
- mit Backpulver und Kakao vermischtes Mehl unterheben,
- auf mit Backpapier belegtes Blech streichen.
- Bei 200° ca. 10 bis 12 Min. backen (Rohr gut vorheizen!).
- Auf ein sauberes Tuch stürzen, Papier abziehen, mit Marmelade bestreichen und einrollen.
- Wird mit Schlagobers gefüllt, rollt man die Kuchenplatte zuerst ein und läßt sie erkalten. Dann mit 2/3 geschlagenem Obers bestreichen, einrollen.
- Mit restlichem Obers Tupfen aufspritzen.

Doris Lauer, Oberweldeham 35, 4490 St. Florian

Himbeerbombe

7 Bl.	Gelatine
1/4 l	Milch
10 dag	Schokolade
5 dag	Zucker
	Vanillezucker
2	Dotter
1 P.	tiefgefrorene Himbeeren
1 B.	Schlagobers
	Biskotten
	Rumkaffee
	Schlagobers zum Verzieren

- Gelatine in kaltem Wasser 10 Min. einweichen.
- Milch, Schokolade, Zucker und Vanillezucker aufkochen und vom Feuer nehmen,
- Dotter und die ausgedrückte Gelatine unterrühren, auskühlen lassen.
- Die Himbeeren unterrühren.
- Bevor die Masse stockt, einen Becher geschlagenes Obers dazugeben.
- Eine Bombenform oder hohe Schüssel mit in Rumkaffee getauchten Biskotten auslegen,
- die Hälfte der Masse einfüllen.
- Eine Schicht Biskotten (in Rumkaffee getaucht) darüberlegen und den Rest der Creme einfüllen.
- Mindestens 5 Stunden kalt stellen.
- Zum Stürzen die Form in heißes Wasser tauchen.
- Mit Schlagobers verzieren.

Wilma Sulzbacher, Kaisergasse 30, 4020 Linz

Tiramisu für Figurbewußte

90 dag	Topfen (20 % Fett)
4	Eier
	Süßstoff nach Geschmack
	geriebene Zitronen- und Orangenschale (von unbehandelter Frucht)
	Vanillearoma
1/4 l	schwarzer Kaffee
2 KL	Rum-Aroma
16 Stk.	Zwieback
	Kakao zum Bestreuen
8 Bl.	Gelatine

- Topfen, Eier und Aromen cremig rühren,
- Gelatine in kaltem Wasser 10 Min. einweichen, ausdrücken,
- in etwas heißem Wasser auflösen und dazurühren.
- Kaffee mit Rum-Aroma abschmecken, Zwieback damit befeuchten.
- Eine rechteckige Form mit Alufolie auslegen, Topfenmasse und Zwieback abwechselnd einschichten.
- Einige Stunden in den Kühlschrank stellen,
- vor dem Servieren mit Kakao bestreuen.

Maria Hehenberger, Steyrerstraße 25, 4501 Neuhofen/Krems

Eisbombe

Biskuit:

6	Eier
30 dag	Zucker
1 P.	Vanillezucker
6 EL	Wasser
25 dag	Mehl
	Backpulver
	Marmelade zum Bestreichen

Fülle:

1/2 l	Erdbeereis
1/2 l	Vanilleeis

Garnitur:

1/8 l	Obers

Biskuit:

- Aus den Zutaten für das Biskuit eine Roulade zubereiten, mit Marmelade füllen und
- auskühlen lassen.
- Rolle aufschneiden und eine Schüssel damit auslegen,
- für oben noch ein paar Stücke sparen.
- Eis aus der Kühltruhe nehmen und schichtweise Erdbeer- und Vanilleeis in die mit Biskuit ausgelegte Form streichen.
- Oben mit den gesparten Biskuitstücken abdecken und ca. 2 Std. einfrieren.
- Vor dem Stürzen die Schüssel kurz in warmes Wasser halten.
- Bombe mit Schlagobers garnieren.

Anmerkung: Kühles für heiße Tage, ganz einfach zubereitet!

Christina Bramer, Bruch 3, 4772 Lambrechten

Erdbeer-Joghurt-Bombe

Sacherboden:	
6	Dotter
6	Eiweiß
10 dag	Zucker
10 dag	Butter
10 dag	Schokolade
	Salz
	Rum
12 dag	Mehl
	Vanillezucker
10 dag	Staubzucker
	Zitronenschale
Erdbeergelee:	
20 dag	Erdbeermark
8 dag	Staubzucker
	Saft von 1/2 Zitrone
5 Bl.	Gelatine
Erdbeer-Joghurt-Creme:	
1/2 l	Obers
1/4 l	Joghurt
15 dag	Erdbeermarmelade
15 dag	frische Erdbeeren
	Saft von 1/2 Zitrone
6 dag	Staubzucker
10 Bl.	Gelatine
	Obers zum Garnieren

Sacherboden:
- Eiweiß zu Schnee schlagen, mit Zucker ausschlagen,
- Butter, Zucker, Dotter und aufgelöste Schokolade flaumig rühren,
- Schnee unterziehen und Mehl einmelieren.
- Bei 170° ca. 50 Min. backen.

Erdbeergelee:
- Gelatine in kaltem Wasser einweichen und ausdrücken,
- mit den restlichen Zutaten erhitzen und in einer flachen Schüssel gelieren lassen.

Erdbeer-Joghurt-Creme:
- Gelatine in kaltem Wasser einweichen, ausdrücken und erhitzen.
- Joghurt, Erdbeermarmelade, zerkleinerte Erdbeeren, Staubzucker und Zitronensaft vermischen,
- aufgelöste heiße Gelatine einrühren und das geschlagene Obers unterziehen.
- Erdbeer-Joghurt-Creme zur Hälfte in eine Kuppelform füllen,
- Erdbeergelee einlegen,
- mit restlicher Creme auffüllen,
- mit Erdbeermarmelade bestreichen,
- Sacherboden auflegen.
- Einige Stunden kalt stellen,
- vorsichtig stürzen und mit Obers garnieren!

Anmerkung: Kuppelform = Schüssel mit Tortenbodendurchmesser!

Maria Obermüller, Rennersdorf 3, 4083 Haibach

39

Diplomatentorte

Biskuitroulade:

5	Klar
5	Dotter
5 EL	Zucker
2 EL	Wasser
5 EL	Mehl

Topfencreme:

1/8 kg	Margarine
1/4 kg	Zucker
2 P.	Vanillinzucker
3	Dotter
1/4 kg	Topfen (20 % Fett)
7 Bl.	Gelatine
3	Klar
1/4 l	Schlagobers

Biskuitroulade:
- Aus 5 Klar Schnee schlagen,
- restliche Zutaten beimengen und backen.
- Mit beliebiger Marmelade bestreichen und einrollen.
- Auskühlen lassen,
- in 2 cm dicke Stücke teilen.

Topfencreme:
- Margarine, Zucker, Vanillezucker, Dotter und Topfen flaumig rühren,
- eingeweichte Gelatine bei geringer Hitze in etwas Zitronensaft auflösen und, etwas überkühlt, unterrühren.
- Zuletzt 1/4 l Schlagobers und den Schnee von 3 Klar daruntermischen.
- Eine möglichst kuppelförmige Schüssel befetten,
- mit 2 cm dicken Rouladenstücken auslegen.
- Die Topfenmasse einfüllen, die Schüssel mit Folie abdecken und die Torte einige Stunden im Kühlschrank schnittfest werden lassen.
- Stürzen.

Anmerkung: Man kann auch das Rezept und die Zubereitung von der Biskuitroulade mit Parisercreme verwenden, statt mit Creme allerdings mit Marmelade bestreichen.

Christine Glocker, Simling 8, 4210 Gallneukirchen

Apfelgugelhupf mit Schokolade

25 dag	Butter
25 dag	Staubzucker
25 dag	Weizenvollkornmehl (oder halb Vollmehl und halb glattes Mehl)
5	Eier
1/2 P.	Backpulver
1 P.	Vanillezucker
10 dag	geriebene Kochschokolade
12 dag	geriebene Walnüsse
2	große, aromatische Äpfel
	Butter zum Befetten
	Mehl zum Bestauben
	Staubzucker zum Bestreuen

- Äpfel schälen, entkernen und fein reiben.
- Butter auf Handwärme bringen und mit der Hälfte des gesiebten Staubzuckers und dem Vanillezucker sehr schaumig rühren;
- nach und nach die Dotter beifügen und wieder schaumig rühren.
- Klar mit dem restlichen Zucker zu steifem Schnee schlagen und unter den Abtrieb heben;
- zuletzt das mit Backpulver versiebte Mehl sowie Schokolade, Nüsse und Äpfel einrühren.
- Gugelhupfform befetten und bemehlen,
- die Masse einfüllen,
- im vorgeheizten Backrohr bei 170° etwa 1 Std. lang backen (Nadelprobe machen!),
- überkühlen lassen und noch warm aus der Form stürzen.
- Nach dem Erkalten mit Staubzucker bestreuen und portionieren.

Anmerkung: Ein außergewöhnlich saftiger Kuchen für die Kaffeejause!

Herta Müllegger, Kaltenbach 2, 4820 Bad Ischl

Klar-Schokokuchen

5	Klar
10 dag	Zucker
10 dag	Mehl
10 dag	Butter
10 dag	Schokolade

- Schokolade und Butter zergehen lassen.
- Klar mit Zucker steif schlagen,
- Mehl einrühren,
- zerlassene Butter und Schokolade unterheben;
- bei 190° ca. 30 Min. backen.

Anmerkung: Diesen Kuchen kann man mit beliebig vielen Klar machen, dabei immer die doppelte Menge an Zucker, Butter, Mehl und Schokolade verwenden.

Renate Puchner, Hallestraße 63, 4020 Linz

Apfelmostkuchen

Teig:

30 dag	*Weizenvollkornmehl*
15 dag	*glattes Mehl*
3 dag	*Germ*
ca. 0,25 l	*Apfelmost*
13 dag	*Butter*
3	*Dotter*
1	*Ei*
15 dag	*Rohrohrzucker*
1	*Prise Salz*
	etwas abgeriebene Zitronenschale
	Vanillezucker
	etwas Rum

Apfelbelag:

75 dag	*Äpfel*
0,25 l	*Weißwein*
10 dag	*Rohrohrzucker*
	etwas Zitronensaft
	Backpapier für die Form
	Mandelblättchen zum Bestreuen

- Germ mit etwas lauwarmem Apfelmost und etwas Mehl anrühren,
- gehen lassen.
- Most mit Rohrohrzucker aufkochen,
- überkühlen lassen,
- Rum einrühren.
- Mehl, Vollkornmehl und die restlichen Zutaten zu einem weichen Germteig verarbeiten,
- 30 Min. gehen lassen.
- Die Äpfel achteln und in einem Gemisch aus Weißwein, Rohrohrzucker und Zitronensaft nicht zu weich dünsten,
- abtropfen lassen.
- Germteig aufs Blech geben, mit Äpfeln und Mandelblättchen belegen,
- gehen lassen,
- bei 175° ca. 1 Std. backen,
- auskühlen lassen, portionieren.

Berthold Eibl, Lahrndorferstraße 42, 4451 Garsten

Nußgugelhupf

4	*Eier*
12 dag	*gemahlene Nüsse*
12 dag	*Weizenvollmehl*
1 P.	*Vanillezucker*
1/8 l	*Öl*
1/8 l	*Wasser*
12 dag	*Honig*

- Dotter mit Zucker und Öl schaumig rühren.
- Wasser, Weizenvollmehl und Nüsse unterheben,
- 1/2 Std. quellen lassen.
- Zum Schluß den Schnee untermischen.
- Bei 170° ca. 40 Min. backen.

Anmerkung: Kleine Gugelhupfform verwenden!

Johanna Schwarzlmüller, Grünbrunn 1, 4491 Niederneukirchen

Apfel-Vollkornkuchen

12 dag	*Butter*
4 EL	*Honig*
6 dag	*Rohzucker*
1 P.	*Vanillezucker*
	abgeriebene Schale von 1/2 Zitrone
1	*Prise Salz*
3	*Eier*
15 dag	*frisch gemahlenes Weizenvollkornmehl*
1 KL	*Backpulver*
30 dag	*in Spalten geschnittene Äpfel*
	Saft von 1 Zitrone
	Rohzucker
	Zimt zum Bestreuen
	Brösel und Butter für die Form

- Butter, Honig, Roh- und Vanillezucker sowie Zitronenschale und Salz sehr schaumig rühren,
- nach und nach die Eier beifügen und schaumig rühren.
- Das mit dem Backpulver versiebte Mehl unter den Abtrieb ziehen,
- die Masse in eine Backform füllen (ca. 30x20 cm),
- die Äpfel auf der Kuchenoberfläche verteilen,
- mit Zitronensaft beträufeln und mit Zimt-Zuckergemisch bestreuen.
- Den Kuchen im vorgeheizten Rohr bei 170° ca. 50 Min. backen.
- Den Kuchen in der Form erkalten lassen.
- Vor dem Portionieren mit Staubzucker bestreuen.

Elfriede Hartl, Schaunburgerstraße 14, 4070 Eferding

Weintraubenkuchen

2	*Eier*
2	*Dotter*
15 dag	*Kristallzucker*
1 P.	*Vanillezucker*
1 EL	*heißes Wasser*
15 dag	*Mehl*
1 Msp.	*Backpulver*
30 dag	*Weintrauben*
	Backoblate

- Eier, Dotter, Zucker, Vanillezucker und Wasser sehr schaumig schlagen,
- das mit Backpulver gemischte und gesiebte Mehl einrühren,
- die Hälfte des Teiges in eine gut befettete, bebröselte Form geben,
- mit einer zugeschnittenen Backoblate bedecken,
- diese mit den gewaschenen, abgetrockneten Weintrauben dicht belegen,
- den restlichen Teig darüberstreichen.
- Bei guter Hitze ca. 60 Min. backen,
- nach dem Erkalten den Kuchen mit Zucker bestreuen.

Katharina Schwarz, Wolfsedt 2, 4775 Taufkirchen

Äpfelverwertungskuchen

5	Eier
10 dag	Zucker
10 dag	Mehl oder Vollmehl
1 kg	geschälte, geviertelte Äpfel
1 EL	Wasser
3 EL	Zucker
	evtl. Rosinen
2 EL	Stärkemehl
3 EL	Wasser
Schokoglasur:	
10 dag	Kokosfett
20 dag	Schokolade

- Eier mit dem Zucker sehr schaumig rühren,
- vorsichtig das Mehl unterheben,
- die Masse auf ein befettetes Blech streichen,
- ca. 13 Min. im vorgeheizten Rohr bei 200° backen.
- Inzwischen die Äpfel mit Wasser, Zucker und einigen Rosinen sehr weich dünsten,
- Stärkemehl mit kaltem Wasser verrühren und zu den Äpfeln geben,
- nochmals aufkochen lassen.
- Warm auf den fertigen Kuchenboden streichen.
- Den ausgekühlten Kuchen mit Schokoglasur übergießen.

Anmerkung: Als Variation kann man auch eine Schneemasse aus 3 Klar und 6 dag Zucker über die Äpfel streichen und goldgelb überbacken oder eine Salzburger Nockerl-Masse auf den noch warmen Apfelkuchen streichen und ca. 6 Min. überbacken.
Zutaten dazu: 4 Klar, 3 Dotter, 4 EL Zucker, 3 EL Mehl

Katharina Füreder, Eidendorf 3, 4175 Herzogsdorf

Feiner Germgugelhupf

12 dag	Margarine
3	Eier
15 dag	Zucker
38 dag	Mehl (halb griffig, halb glatt)
2 dag	Germ
1/4 l	Milch
1 Prise	Salz
	Zitronenschale
	etwas Rum
	Rosinen nach Belieben

- Margarine, Zucker, Eier und Geschmackszutaten schaumig rühren.
- Aufgegangenes Dampferl, Mehl, Milch und zuletzt die Rosinen dazumengen.
- Die Rührschüssel zugedeckt in warmes Wasser stellen und Teig zur doppelten Höhe aufgehen lassen.
- Wieder etwas zusammenschlagen,
- in gefetteter, gebröselter Form bei schwacher Hitze (170°) ca. 1 Std. goldgelb backen.
- Noch warm bezuckern.

Lotte König, Keplerstraße 10, 4040 Linz

Kalter Germteig mit Nußfülle

20 dag	Margarine
3	Dotter
1 EL	Kristallzucker
1	Prise Salz
1	Tasse kalte Milch
1	Würfel Germ
1 KL	Kristallzucker
30 dag	Mehl
	Zitronenschale
Fülle:	
3	Klar
25 dag	geriebene Haselnüsse
15 dag	Kristallzucker
	Rum

- Aus Margarine, Dotter, Kristallzucker und Salz einen Abtrieb herstellen.
- In die kalte Milch Germ hineinbröseln und
- 1 KL Kristallzucker einrühren,
- Mehl zum Abtrieb geben,
- mit Zitronenschale und Milch alles gut glattrühren.
- Über Nacht abgedeckt in den Kühlschrank stellen (ca. 12 Std.).

Fülle:
- Klar zu Schnee schlagen,
- geriebene Haselnüsse, Kristallzucker und Rum nach Geschmack mischen und unterheben.
- Teig ausrollen, Nußfülle aufstreichen, einrollen und in eine gefettete und bemehlte Keramikform (ca. 26 cm Durchmesser) geben.
- Bei ca. 200° 45–60 Min. backen.

Monika Poppenreiter, Mendelweg 2, 4623 Gunskirchen

Besoffene Liesl nach Großmutterart

6	Dotter
6 EL	Staubzucker
6 EL	Brösel
6	Klar
1/2 l	Weißwein
	Zucker nach Geschmack
1	Zimtrinde
	Saft von 1/2 Zitrone
1/2 l	Schlagobers
20 dag	Kochschokolade

- Dotter mit Staubzucker schaumig rühren,
- Brösel einrühren,
- Schnee unterziehen,
- in eine gebutterte Form von ca. 26 cm Durchmesser füllen.
- Bei 180° etwa 30–40 Min. backen.
- Wein mit Zucker nach Geschmack mischen, Zitronensaft und Zimtrinde beigeben und einmal aufkochen, dann kaltstellen,
- die ausgekühlte Torte in eine flache Schüssel stellen,
- den Wein darübergießen,
- kalt stellen.
- Die fertige Besoffene Liesel mit Schlagobers und zerlassener Kochschokolade servieren.

Monika Pappenreiter, Mendelweg 2, 4623 Gunskirchen

Raffinierter Zwetschken-Mohn-Kuchen

Teig:	
60 dag	Mehl
4 dag	Germ
3 EL	Schlagobers
5 dag	Zucker
37,5 dag	weiche Butter
2	Dotter
1	Prise Salz
2 EL	Milch
	Fett für das Blech

Füllung:	
25 dag	Mohn, gemahlen
0,2 l	Schlagobers
5 dag	Honig
5 dag	Zucker
1	Zitrone
1	Prise Zimt
5 dag	Sultaninen
2 EL	Rum
3	Eier
3 EL	Brösel
1 kg	Zwetschken

Glasur:	
125 dag	Staubzucker
2 EL	Zitronensaft oder Rum

- 50 dag Mehl in eine Schüssel geben.
- In der Mitte eine Mulde drücken.
- Germ hineinbröseln, Schlagobers und Zucker zugeben.
- Zerkleinerte Butter, 1 Dotter und Salz auf den Mehlrand geben.
- Von der Mitte her alle Zutaten verkneten.
- Den Teig zugedeckt für mindestens 6 Std. kühl stellen (nicht in den Kühlschrank!).

Fülle:
- Schlagobers, Honig, Zucker aufkochen,
- den gemahlenen Mohn zugeben, kurz durchkochen lassen.
- Den Topf vom Herd nehmen,
- die abgeriebene Zitronenschale, Zimt, Sultaninen, Rum, Eier und Brösel unterrühren.
- Die Masse kalt werden lassen.
- Gewaschene Zwetschken halbieren und entsteinen.
- Mit dem restlichen Mehl die Arbeitsfläche bestreuen.
- Den Teig darauf zu einem Rechteck (45 x 36) ausrollen, dann in Streifen von je 12 cm schneiden.
- Backblech befetten.
- Die Teigstreifen darauflegen. Jeden Streifen auf das bemehlte Nudelholz wickeln, auf dem Blech wieder abwickeln.
- Zuerst die Mohnmasse auf die Mitte der Teigstreifen streichen.
- Darauf die Zwetschken verteilen. Den Teig von den beiden Seiten her zur Mitte so weit überschlagen, daß die Füllung noch zu sehen ist.
- Den restlichen Dotter mit der Milch verquirlen und mit einem Pinsel über den Teig streichen.
- Im vorgeheizten Rohr auf mittlerer Schiene bei 225° 30 Min. backen.
- Für die Glasur Staubzucker mit Zitronensaft oder Rum verrühren.
- Kuchen noch heiß damit überziehen.

Elisabeth Bräuer-Mocker, Gabler Straße 62, 4400 Steyr

Zwetschkendatschi

1/2 kg	Mehl
3 dag	Germ
1/4 l	lauwarme Milch
8 dag	Butter
2	Eier
5 dag	Zucker
1/2 KL	Salz
1 1/2 kg	Zwetschken
5 dag	Hagelzucker
1/2 KL	gemahlener Zimt
	Butter zum Befetten

- Mehl in eine Schüssel sieben, eine Mulde machen, die Germ hineinbröseln und mit der Milch und wenig Mehl zu einem Vorteig verrühren.
- Zugedeckt 15 Min. gehen lassen.
- Butter zerlassen, überkühlen,
- mit den Eiern, dem Zucker und dem Salz zum Vorteig geben und alles mit dem gesamten Mehl zu einem trockenen Teig schlagen.
- 15 Min. gehen lassen.
- Zwetschken waschen, entkernen und 2mal längs teilen.
- Den Germteig in Größe des Backbleches ausrollen, auf das Blech legen und mehrmals mit der Gabel anstechen.
- Die Zwetschken nebeneinander in dichten Reihen auf den Germteig legen – jede Reihe muß die vorhergehende halb bedecken.
- Kuchen 15 Min. gehen lassen.
- Im vorgeheizten Rohr bei 200° 20–30 Min. backen,
- noch warm mit Hagelzucker und Zimt bestreuen.

Kathi Rachbauer, Abern 45, 5222 Jeging

Kaffeekuchen

15 dag	Butter
20 dag	Zucker
1	Ei
1/4 l	schwarzer Kaffee
40 dag	Mehl
1 P.	Backpulver
1 P.	Vanillezucker
	abgeriebene Zitronenschale

- Abtrieb aus Butter, Zucker und Ei herstellen.
- Das mit Backpulver vermischte Mehl, Vanillezucker, Zitronenschale und den Kaffee darunterziehen.
- Den Teig in eine gefettete und gestaubte Kastenform einfüllen,
- bei mäßiger Hitze backen.

Anmerkung: Einfache, billige Sandmasse

Erna Sandberger, Hofstetten 1, 4724 Neukirchen a. W.

Zwetschken-Streuselkuchen

Teig:	
25 dag	Butter
25 dag	Zucker
1 P.	Vanillinzucker
1	Prise Salz
1	Ei
50 dag	Mehl
1 P.	Backpulver

Belag:	
25 dag	Magertopfen
2 dag	Butter
7,5 dag	Zucker
	abgeriebene Schale von 1 unbehandelten Zitrone
1 EL	Vanillepuddingpulver
1 1/2 kg	Zwetschken oder 2 Glas eingelegte Zwetschken (à 700 g)

- Butter flaumig rühren, Zucker, Vanillinzucker, Salz und Ei kurz unterrühren,
- Mehl und Backpulver mischen,
- eine Hälfte unterrühren, den Rest mit den Händen untermischen, sodaß ein krümeliger Teig entsteht.
- 2/3 der Streusel auf ein gefettetes Backblech oder Pyrex-Glasblech geben und festdrücken.
- Für den Belag alle Zutaten miteinander verrühren und auf den Teig streichen,
- darauf die entsteinten, gut abgetropften Zwetschken verteilen,
- die restlichen Streusel darüberstreuen,
- im vorgeheizten Backrohr bei 180° oder auf Stufe 3 (Gas) auf zweiter Schiene ca. 55 Min. backen.

Klaudia Kadletz, Ferdinand-Markl-Straße 3, 4040 Linz

Buttermilchkuchen

Teig:	
30 dag	Zucker
2	Eier
67 dag	Mehl
1 1/2 P.	Backpulver
1/2 l	Buttermilch

Belag:	
20 dag	gehackte Mandeln
15 dag	Zucker
1 B.	Schlagobers

- Zucker und Eier schaumig rühren.
- Mehl und Backpulver vermengen, unterrühren.
- Buttermilch in den Teig einrühren.
- Blech befetten, Teig aufstreichen.
- Mandeln und Zucker gut vermischen und auf dem Teig verteilen.
- Bei 160° ca. 25–30 Min. backen.
- Sofort nach dem Backen den noch warmen Kuchen mit Schlagobers begießen.

Gertrude Schrenk, Ferihumerstraße 42, 4040 Linz

Gitterkuchen

40 dag	Mehl
1 KL	Backpulver
30 dag	Zucker
1 P.	Vanillezucker
1	Ei
1	Dotter
	etwas Rum
1 KL	Zimt
1/2 KL	Nelkenpulver
40 dag	Margarine
40 dag	geriebene Nüsse
Zum Bestreichen	
1 Glas	Ribiselmarmelade
1	Klar

- Mehl mit Backpulver vermischen und auf ein Nudelbrett sieben,
- in der Mitte eine Vertiefung eindrücken,
- Zucker, Vanillezucker, Ei, Dotter, Rum, Zimt und Nelkenpulver hinzugeben und mit einem Teil des Mehls verarbeiten,
- darauf die zerkleinerte Margarine geben,
- mit Mehl und Nüssen bedecken und rasch zu einem Teig kneten.
- Den Teig ca. 30 Min. kalt stellen,
- 2/3 des Teiges auf einem befetteten Backblech ausrollen,
- mit Ribiselmarmelade bestreichen,
- den restlichen Teig zu Röllchen formen und gitterförmig darauflegen,
- mit Klar bestreichen,
- bei ca. 150° etwa 25–30 Min. backen (Heißluftrohr),
- ausgekühlt portionieren.

Herta Eidenberger, Stifterstraße 51, 4614 Marchtrenk

Germbunkel

60 dag	Mehl
1 KL	Salz
4	Dotter
10 dag	Butter
10 dag	Zucker
ca. 1/4 l	Milch
	Schale und Saft von 2 Zitronen
1 P.	Vanillezucker
4 dag	Germ
20 dag	Rosinen
	Butter zum Befetten

- Germteig herstellen.
- Die Pfanne mit Butter einfetten,
- Teig einfüllen,
- gehen lassen,
- bei 180° ca. 1 Std. backen.
- Nicht gleich aus der Pfanne nehmen!

Greti Renner, A.-Hoferstraße 4, 4800 Wanklham

Rotweinkuchen

25 dag	Margarine
5	Dotter
25 dag	Zucker
1 P.	Vanillezucker
10 dag	erweichte Schokolade
1 Msp.	Zimt
30 dag	Mehl
1 P.	Backpulver
1/4 l	Rotwein
5	Klar

Glasur:

1/8 l	Rotwein
	Staubzucker

- Margarine und Dotter sehr schaumig rühren,
- Zucker, Vanillezucker und Zimt dazugeben, noch weiter rühren,
- langsam die erweichte Schokolade unterrühren.
- Vorsichtig das Mehl-Backpulver-Gemisch und Rotwein beimengen.
- Zum Schluß den Schnee unterheben.
- In eine bebutterte und bemehlte Springform von ca. 26 cm Durchmesser füllen und ca. 1 Std. bei 180° backen.
- Zum Glasieren den Rotwein mit so viel Staubzucker verrühren, daß eine dickliche Masse entsteht, und über den heißen Kuchen streichen.

Anmerkung: Kann auch am Blech gebacken werden.

Monika Poppenreiter, Mendelweg 2, 4623 Gunskirchen

Zupfkuchen

Teig:

20 dag	Butter
20 dag	Zucker
36 dag	Mehl
4 dag	Kakao
1 P.	Backpulver
2	Eier

Belag:

20 dag	Butter
20 dag	Zucker
3	Dotter
50 dag	Topfen
1 P.	Vanillezucker
1/8 l	Milch
3	Klar

- Abgebröselten Mürbteig herstellen,
- 3/4 des Teiges auswalken und in eine Tortenform (26 cm Durchmesser) drücken.
- Tortenboden vorbacken und überkühlen lassen,
- mit Belag bestreichen,
- vom restlichen Teig kleine Stückchen daraufzupfen,
- bei 170° ca. 1 Std. backen,

Belag:
- Zutaten schaumig rühren,
- Schnee unterheben.

Margarethe Holzhauser-Müller, Am Anger 4, 4813 Altmünster

50

Vollkorn-Schokoladekuchen

4	Dotter
6	Klar
13 dag	Feinkristallzucker
1	Prise Salz
2 EL	heißes Wasser
1/2 P.	Vanillezucker
13 dag	Weizenvollkornmehl
1 KL	Backpulver
5 dag	Butter
10 dag	Kochschokolade
7 dag	Mandelblättchen
	Backpapier für die Form

- Dotter mit einem Drittel der Zuckermenge, Salz und Vanillezucker sowie dem heißen Wasser sehr schaumig rühren.
- Klar mit dem restlichen Zucker zu sehr steifem Schnee schlagen.
- Die Schokolade klein hacken und zusammen mit der Butter auf Lippenwärme schmelzen lassen.
- Dottermasse unter den Schnee ziehen und zuletzt das mit Backpulver vermischte Mehl und die Schokoladenmischung vorsichtig einrühren.
- Eine Königskuchenform mit Backpapier auslegen,
- die Schokoladenmasse einfüllen,
- mit Mandelblättchen bestreuen und
- im vorgeheizten Backrohr bei 180° ca. 50 Min. backen.
- Den Kuchen in der Form erkalten lassen,
- aus der Form lösen und das Papier vorsichtig abziehen.

Elfriede Hartl, Schaunburgerstraße 14, 4070 Eferding

Ölkuchen (nach Großmutters Art)

1/8 l	Öl
1/4 l	Staubzucker
1/8 l	Wasser
4	Eier
1/2 l	Mehl
1/2 P.	Backpulver
1/8 l	geriebene Haselnüsse
1 Fl.	Backaroma-Bittermandel

- Klar zu Schnee schlagen.
- Öl, Staubzucker, Dotter schaumig rühren.
- Mit Backpulver versiebtes Mehl, Wasser, Haselnüsse und Backaroma dazugeben,
- Schnee unterheben.
- In beliebiger bemehlter Form 45–50 Minuten bei 175° backen.
- Nach dem Erkalten mit Staubzucker bestreuen oder glasieren.

Anmerkung: Man kann auch Rosinen oder kandierte Früchte dazugeben – gesamt 1/4 l.

Mathilde Frühwald, Dr. Heppner Straße 5, 4650 Lambach

Schokolade-Haselnußring

12 dag	Butter
20 dag	Staubzucker
1 P.	Vanillezucker
4	Dotter
1 EL	Rum
	etwas Salz
8 dag	Schokolade
18 dag	griffiges Mehl
3 KL	Backpulver
1/16 l	Milch
8 dag	geriebene Nüsse
4	Klar
	Margarine und
	Brösel für Form

Fülle:

1/8 l	Schlagobers
1 P.	Vanillezucker

Glasur:

1/8 l	Schlagobers
6 dag	Schokolade
	geriebene Nüsse zum Bestreuen

- Butter flaumig rühren, nach und nach Zucker, Vanillezucker, Dotter, Rum, Salz und die im Wasserbad erweichte Schokolade zugeben, schaumig rühren.
- Das mit Backpulver gemischte und gesiebte Mehl abwechselnd mit der Milch einrühren und die Nüsse unterheben.
- Klar zu steifem Schnee schlagen, vorsichtig unter den Teig heben.
- Den Teig in eine befettete, bebröselte Ringform füllen,
- im vorgeheizten Rohr etwa 55 Min. bei schwacher Mittelhitze backen.
- Schlagobers mit Vanillezucker steif schlagen,
- Den erkalteten Ring 2mal durchschneiden, mit Schlagobers füllen.
- Für die Glasur Schlagobers mit Schokolade unter ständigem Rühren kurz aufkochen und etwas abkühlen lassen.
- Den gefüllten Ring mit Schokoladeglasur überziehen und nach Belieben mit geriebenen Nüssen bestreuen.

Anmerkung: Sehr saftig.

Elisabeth Maier, Schallerdorf 19, 4212 Neumarkt

Keks-Kuchen

2 P.	Butterkekse
25 dag	Kokosfett
4 dag	Kakao
6 EL	Kaffeeobers
1 Tasse	Staubzucker
2	Eier
1 KL	Kaffeepulver
1 EL	Rum

- Kakao, Staubzucker, Kaffeeobers, Eier, Rum und Kaffeepulver gut verrühren,
- Kokosfett zergehen lassen und langsam unterrühren,
- Kekse in Kastenform schlichten und jeweils eine Schicht Creme darüberstreichen.

Anmerkung: Rasche Zubereitung – ohne Backen!

Käthe Panholzer, Am Erdhügel 16, 4115 Kleinzell

Schokolade-Obstkuchen

15 dag	Butter
15 dag	Zucker
1 P.	Vanillezucker
4	Dotter
15 dag	erweichte Schokolade
15 dag	Mehl
1/2 KL	Backpulver
2 EL	Rum
4	Klar
ca. 1 kg	Obst der Saison

- Die Butter flaumig rühren,
- nach und nach Zucker, Vanillezucker, Dotter und die im Wasserbad erweichte Schokolade hinzugeben, schaumig rühren,
- das mit Backpulver gemischte und gesiebte Mehl löffelweise unterrühren,
- zuletzt den Rum und den steif geschlagenen Schnee unter den Teig heben.
- Die Masse ca. 2 cm dick auf ein befettetes Backblech streichen,
- mit halbierten Marillen, Zwetschken, Apfelspalten oder Kirschen belegen,
- bei guter Mittelhitze (180°) ca. 30 Min. auf Mittelschiene backen.
- Evtl. mit Staubzucker leicht bestreuen.

Anmerkung: Es ist dies ein ganz köstlicher, leicht und schnell zubereiteter Kuchen.

Maria Eschlböck, Bräuberg 20, 4730 Waizenkirchen

Bananen-Nußbrot

15 dag	Butter
16 dag	Rohzucker
3	Eier
3–4	Bananen
35 dag	Weizenvollmehl
10 dag	Walnüsse, gehackt
1/4 KL	Salz
3 KL	Backpulver
1/2	Vanilleschote
ca. 1/8 l	Milch

- Butter flaumig rühren, nach und nach Zucker und Eier zugeben, schaumig rühren,
- Bananen zerdrücken, durch ein Sieb streichen und unterrühren,
- Vanilleschote öffnen, Mark herauskratzen,
- Mehl mit Backpulver, Salz, Nüssen und Vanille mischen, abwechselnd mit Milch unter den Bananenteig mischen,
- in eine befettete Kastenform füllen, glattstreichen.
- Im vorgeheizten Rohr bei 170° 50 Min. backen,
- auf ein Kuchengitter sturzen und erkalten lassen.

Erna Reischl, Berghäusl 5, 4160 Aigen

Dunkler Topfen-Streuselkuchen

Streusel:

24 dag	Mehl
12 dag	Butter
12 dag	Zucker
2 dag	Kakao
1	Ei
1/2 P.	Backpulver
	Salz

Topfenmasse:

20 dag	Butter
20 dag	Zucker
5	Dotter
1 P.	Vanillepuddingpulver
1 P.	Vanillezucker
2 EL	Zitronensaft
75 dag	Topfen
5	Klar

- Zutaten zu lockeren Streuseln verarbeiten (mit Knethaken),
- halbe Menge der Streusel in eine rechteckige Wanne (oder Springform) drücken,
- Topfenmasse darauf verteilen,
- restliche Streusel darüber streuen,
- bei 180–200° ca. 1 Std. backen.

Topfenmasse:
- Butter, Zucker und Dotter schaumig rühren,
- restliche Zutaten einrühren,
- zuletzt den Schnee unterheben.

Veronika Reim, Haus 11, 4712 Michaelnbach

Topfenkuchen

25 dag	glattes Mehl
15 dag	Kristallzucker
1 P.	Backpulver
75 dag	Topfen
4	Eier
1 1/2 B.	Rahm
1 P.	Vanillezucker
	Schale von 1/4 Zitrone
12,5 dag	Butter
	Butter zum Befetten

- Mehl, Zucker und Backpulver abmischen,
- die Hälfte davon auf ein befettetes Backblech streuen,
- Topfen, Rahm, Eier, Vanillezucker und Zitronenschale gut vermengen,
- die Masse über die Mehlmischung auf das Blech gießen,
- die zweite Hälfte der Mehlmischung gleichmäßig über die Topfenmasse streuen,
- die Butter auf einem Reibeisen grob raspeln und gleichmäßig über die Mehlmischung verteilen,
- bei 180° goldbraun backen.

Rudolf Stieglbauer, Norikumstraße 5, 4481 Asten

Kirsch-Nuß-Kuchen

18 dag	weiche Butter
18 dag	Staubzucker
1 P.	Vanillezucker
4	Eier
10 dag	geriebene Schokolade
15 dag	geriebene Haselnüsse
10 dag	Mehl
1/4 P.	Backpulver (evtl. Staubzucker zum Bestreuen)
3–4 EL	Rum
	Fett
	Mehl für die Form
Belag:	
	Kirschen

- Die Kirschen waschen, evtl. entkernen (nicht entkernte Früchte bleiben saftiger), trocknen.
- Butter, Staubzucker, Vanillezucker nach und nach mit den Eiern schaumig rühren,
- die Schokolade mit den Haselnüssen, dem mit Backpulver versiebten Mehl vermengen und unter die Masse heben,
- den Rum dazugeben.
- Springform (28 cm Durchmesser) befetten und bemehlen,
- Masse in die Form füllen und die Kirschen auf der Oberfläche verteilen,
- im Heißluftbackrohr bei 160° ca. 40 bis 45 Min. backen.
- Den Kuchen vor dem Portionieren nach Belieben mit Staubzucker bestreuen.

Andrea Steindl, Gleinkerseestraße 327, 4580 Windischgarsten

Hirsekuchen

10 dag	Hirse (Reformhaus)
1/2 l	Milch
3	Eier
	Salz
ca. 5 dag	Butter
1 P.	Vanillezucker
1 EL	Kristallzucker
2	Äpfel
	Rosinen nach Belieben

- Hirse in gesalzener Milch langsam kochen (ca. 15–20 Min.),
- dann garziehen lassen.
- Aus Butter, Zucker, Dotter und Vanillezucker einen Abtrieb herstellen.
- Die ausgekühlte Hirsemasse unter den Abtrieb mischen.
- Rosinen und blättrig geschnittene Äpfel dazugeben.
- Zum Schluß den steif geschlagenen Schnee vorsichtig unterziehen.
- In eine befettete Auflaufform füllen und ca. 45–60 Min. im Rohr backen (200°).

Ingrid Kober, Nelkenweg 32, 4502 St. Marien

Müslikuchen mit Äpfeln

3	Dotter
3	Klar
10 dag	Butter
10 dag	Zucker
15 dag	Müslimischung (gemahlen oder gehackt)
10 dag	Weizenvollkornmehl
5 dag	Zitronat
1/2 P.	Backpulver
0,10 l	Vollmilch
25 dag	Äpfel
	Zucker zum Bestreuen

- Butter mit der halben Menge Zucker, dem Vanillezucker und den Dottern flaumig rühren.
- Zitronat sehr fein hacken, zusammen mit der Müslimischung und Milch untermischen.
- Klar mit dem restlichen Zucker zu festem Schnee schlagen,
- Äpfel schälen, entkernen und grob reiben,
- Mehl mit Backpulver vermischen und abwechselnd alle Zutaten vorsichtig unter den Abtrieb heben.
- Kuchenmasse in eine befettete und bemehlte hitzebeständige Glas- oder Keramikform geben,
- 5 Min. bei ca. 180 Watt vorbacken (Mikrowelle),
- anschließend auf höchster Stufe 8–9 Min. fertigbacken.
- Wenn sich der Kuchen leicht vom Rand löst, ist er gar!
- Aus der Form stürzen, auskühlen lassen und vor dem Servieren mit Staubzucker bestreuen.

Anna Freiseder, Türkstetten 8, 4201 Gramastetten

Zucchinikuchen

40 dag	Zucker
3	Eier
1 KL	Zimt
0,2 l	Öl
40 dag	Zucchini, gehobelt
4 dag	gemahlene Haselnüsse
1 P.	Backpulver
1	Prise Salz
30 dag	Mehl
	Marmelade zum Bestreichen
	Schokoglasur

- Eier und Zucker schaumig rühren,
- alle Zutaten beimengen,
- Masse auf ein gefettetes Backblech streichen,
- 15 Min. bei 220° backen,
- mit Marmelade bestreichen und mit Schokoglasur übergießen.

Maria Antonia Standfest, Hoferweg 50, 4120 Neufelden

Schneewittchen-Kuchen

Rührteig:	
10 dag	Margarine
15 dag	Zucker
1 P.	Vanillezucker
3	Eier
20 dag	Mehl
1/2 P.	Backpulver
2 EL	Nutella
1/8 l	Milch
1	Glas Sauerkirschen und Saft
Füllung:	
2 B.	Schlagobers
2 P.	Sahnesteif
2 P.	Vanillezucker
25 dag	Topfen
1 P.	Tortengelee, rot

- Rührteig herstellen.
- Die Hälfte des Teiges in eine Springform (26 cm) geben,
- die andere Hälfte des Teiges mit 2 EL Nutella vermischen und ebenfalls einfüllen.
- Sauerkirschen abtropfen lassen und auf dem Kuchen verteilen.
- 60 Min. bei 175° backen.
- Schlagobers mit Sahnesteif fest schlagen,
- Topfen und Vanillezucker unterheben.
- Topfenmasse auf den erkalteten Kuchen streichen.
- Den Tortenguß mit 1/4 l Sauerkirschensaft anrühren und über den Kuchen gießen.
- Kuchen ca. 2 Std. in den Kühlschrank stellen.

Rosina Ehrengruber, Albenödt 4, 4154 Kollerschlag

Florianikuchen mit Rhabarber und Nußbaiser

17,5 dag	Butter
15 dag	Zucker
1 P.	Vanillezucker
3	Dotter
25 dag	Mehl
1/2 P.	Backpulver
4 EL	Milch
Nußbaiser:	
3	Klar
20 dag	Zucker
10 dag	geriebene Haselnüsse
50 dag	Rhabarber

- Butter, Zucker, Vanillezucker und Dotter schaumig rühren,
- Mehl mit Backpulver vermischen und zusammen mit der Milch unter den Teig rühren.
- Das Backblech mit Pergamentpapier auslegen,
- den Teig daraufgeben und glattstreichen.
- Für die Baisermasse das Klar mit dem Zucker steifschlagen,
- die Haselnüsse dazugeben und den geschälten, in Stücke geschnittenen Rhabarber unterheben,
- bei 200° ca. 35 Min. backen.

Gabriele Pleiner, Am Ipfbach 132, 4490 St. Florian

Ameisenhaufen einmal anders

6	*Eier*
25 dag	*Zucker*
1/8 l	*Wasser*
30 dag	*glattes Mehl*
Creme:	
1/2 l	*Vanillepudding*
1/8 kg	*Butter*
	Zucker nach Geschmack
	Kirschwasser
	schwarzer Kaffee
	geriebene Bitterschokolade zum Bestreuen

- Dotter, Zucker und Wasser schaumig rühren,
- Schnee schlagen, abwechselnd mit dem Mehl unterheben.
- Masse auf ein befettetes Blech fingerdick aufstreichen und
- bei mittlerer Hitze (180°) backen.
- Nach dem Auskühlen in 1,5 cm breite Streifen schneiden.
- Streifen mit Kaffee beträufeln und abwechselnd mit Creme in eine Tortenform schichten.
- Mit Streifen abschließen, die nicht im Kaffee getränkt wurden.
- Für ca. 4 Std. kalt stellen,
- stürzen, mit Creme garnieren und mit geriebener Bitterschokolade bestreuen.

Creme:
- Kalten Pudding passieren,
- mit flaumig gerührter Butter vermengen,
- mit Zucker und Kirschwasser abschmecken.

Hermine Gastinger, Unterhart 17, 4101 Feldkirchen/D.

Becherkuchen

1 B.	*Rahm*
1 B.	*Zucker*
3	*Fier*
1 B.	*Nüsse*
1 B.	*Benco*
1/2 B.	*Öl*
1 B.	*Mehl*
1 P.	*Backpulver*

- Eier, Zucker und Rahm schaumig rühren,
- geriebene Nüsse, Benco und Öl darunterrühren,
- das mit Backpulver versiebte Mehl unterheben.
- Im Elektroherd bei 180° ca. 55 Min. backen; Nadelprobe!

Anmerkung: Diesen Teig kann man aufs Blech streichen oder in eine Form geben. Schmeckt immer gut!

Margarete Friedl, Billichsedt 22, 4841 Ungenach

Gewürzkuchen

5 dag	Butter
25 dag	Honig
2	Eier
38 dag	Weizenvollmehl
1 P.	Backpulver
3 KL	Kakao
1/2 KL	gemahlene Nelken
2 KL	Zimt
1/8 l	Milch
10 dag	Rosinen
10 dag	Feigen (oder Aranzini)
5 dag	Zitronat
5 dag	Haselnüsse
20 dag	Karotten

- Butter, Honig und Eier schaumig rühren,
- Gewürze, Kakao, mit Backpulver vermischtes Mehl und Milch dazugeben,
- Rosinen, kleingeschnittene Feigen, Zitronat, grob gehackte Haselnüsse und fein geriebene Karotten darunterheben.
- In einer gut gefetteten, gebröselten Kastenform bei 175° ca. 1 Std. lang backen.

Johanna Schwarzlmüller, Grünbrunn 1, 4491 Niederneukirchen

Brauner Kirschen- oder Zwetschkenkuchen

25 dag	Butter
15 dag	Zucker
5	Eier
5 dag	Semmelbrösel
8–10 dag	zerlassene Schokolade
10 dag	geriebene Nüsse oder Mandeln
2 KL	Zimt
1 EL	Rum
5 dag	Vollkornmehl (oder Dinkelmehl)
10 dag	glattes Mehl
1 KL	Backpulver
	Kirschen oder Zwetschken zum Belegen

- Butter mit Schokolade zergehen lassen,
- Eier und Zucker schaumig rühren,
- Semmelbrösel und Nüsse in die zerlassene Butter und Schokolade einrühren,
- mit den restlichen Zutaten in die Schaummasse vorsichtig einmengen, daß sie nicht zu sehr zusammenfällt,
- auf ein befettetes, bemehltes Blech streichen und mit den Kirschen bzw. Zwetschken belegen,
- bei 175° backen.

Theresia Pöchtrager, Simaden 33, 4171 St. Peter

59

Negerschnitten

5	*Eier*
25 dag	*Zucker*
1/8 l	*Öl*
1/8 l	*Wasser*
20 dag	*Mehl*
1 P.	*Backpulver*
2 EL	*Kakao*
Creme:	
25 dag	*Butter*
12 dag	*Zucker*
1	*Dotter*
1 P.	*Vanillepudding*
1/4 l	*Milch*
2 EL	*Rum*
Glasur:	
8 dag	*Kochschokolade*
6 dag	*Butter*

- Dotter, Zucker, Öl und Wasser schaumig rühren,
- Mehl mit Kakao und Backpulver vermischen, unterheben.
- Klar zu Schnee schlagen, 5 dag Zucker einschlagen und langsam unter die Masse heben,
- auf Blech streichen.
- 10 Min. bei 220° backen, dann kalt stellen.

Creme:
- Butter, Staubzucker und Dotter schaumig rühren.
- Vanillepudding nach Vorschrift auf der Packung zubereiten und erkalten lassen.
- Den kalten Pudding und den Rum löffelweise unter den Abtrieb mischen und glattrühren.
- Auf den Teigboden streichen.
- Schokolade und Butter bei mäßiger Hitze schmelzen, glattrühren,
- über die Creme streichen.
- Die Negerschnitten gleich nach dem Glasieren portionieren und nochmals kalt stellen.

Gerti Pühringer, Lederergasse 9, 4522 Sierning

Karotten-Nuß-Schnitten

30 dag	*fein geriebene Karotten*
3	*Eier*
1/4 l	*Öl*
50 dag	*Vollkornmehl*
20 dag	*Honig*
10 dag	*gemahlene Nüsse*
1 P.	*Backpulver*
1 KL	*Natron*
1 KL	*Zimt*
	Vanillezucker
	Schokoladeglasur

- Karotten putzen und fein reiben.
- Eier mit Honig und Öl schaumig rühren,
- Mehl, Zimt, Nüsse und Karotten untermischen,
- 1/2 Stunde quellen lassen.
- Zum Schluß Natron und Backpulver unter die Masse ziehen.
- Auf ein befettetes Blech streichen,
- bei 180° 30 Min. backen,
- auskühlen lassen.
- Mit Schokoladeglasur überziehen und in Schnitten schneiden.

Ingrid Strasser, Johannisthal 43, 4690 Schwanenstadt

Kardinalschnitten

1/4 l	Klar
18 dag	Zucker
Biskuit:	
3	Dotter
2	Eier
6 dag	Zucker
6 dag	Mehl, jeweils zu gleichen Teilen Vollmehl, norm. Mehl und Maizena
	etwas Öl
1/4 l	geschlagenes Schlagobers
	Backpapier

- 2 Streifen Backpapier mit ca. 18 cm Breite zuschneiden und mit etwas Öl bestreichen.
- Das Klar sehr steif schlagen, den Zucker nach und nach einschlagen.
- Den Schnee in einen großen Spritzsack bzw. Nylonsack (ein Eck wegschneiden) füllen und auf jeden Streifen Backpapier 3 Streifen Schnee mit großer Tülle spritzen,
- das Biskuit in die Zwischenräume hineinlaufen lassen.
- Zuerst bei 160°, später bei 180° ca. 30 Min. goldbraun backen (Heißluft).
- Nach dem Erkalten das Papier abziehen,
- Schlagobers auf dem Gebäck verteilen.
- Zweiten Streifen mit der Unterseite auf das Schlagobers legen,
- Kardinalschnitte bezuckern und in 12 Stücke schneiden (am besten mit einem Elektromesser).

Resi Oberhuber, Julianabergstraße 4, 4501 Neuhofen

Likörschnitten

8 dag	Butter
8 dag	Staubzucker
1 P.	Vanillezucker
5	Eier
10 dag	zerlassene Schokolade
1 KL	Backpulver
20 dag	geriebene Nüsse
1 EL	Rum
1 EL	Weinbrand
	Marillenmarmelade
1/4 l	Schlagobers
	Eierlikör nach Bedarf

- Butter, Zucker und Dotter flaumig rühren,
- Schokolade, mit Backpulver vermischte Nüsse, Rum und Weinbrand dazugeben.
- Schnee unterheben,
- bei 200° backen.
- Mit Marmelade bestreichen,
- steif geschlagenes Schlagobers darüberstreichen,
- zum Schluß Eierlikör darübergießen.

Andrea Radl, Burgholzstraße 10, 3352 St. Peter/Au

Omas Bananenschnitten

Biskuit:

4	*Klar*
4 EL	*kaltes Wasser*
20 dag	*Staubzucker*
1 P.	*Vanillinzucker*
4	*Dotter*
8 dag	*Mehl*
8 dag	*Maisstärke*
1 KL	*Backpulver*

Belag:

	Marmelade zum Bestreichen
ca. 1 kg	*Bananen*
1 P.	*Vanillepudding*
	Milch
5 Rippen	*Kochschokolade*
15 dag	*Margarine*

Biskuit:
- Klar und Wasser steif schlagen,
- Zucker einmengen und noch etwas schlagen.
- Dotter unterheben,
- Mehl, Maizena und Backpulver vermischen, unterziehen.
- Auf dem befetteten, bemehlten Backblech bei 210° 12–15 Min. backen.

Belag:
- Ausgekühltes Biskuit mit Marmelade bestreichen und mit in Scheiben geschnittenen Bananen belegen,
- Puddingpulver mit Milch aufkochen und gleichmäßig über das Biskuit gießen.
- Schokolade mit Margarine im Wasserbad erweichen,
- unter ständigem Rühren abkühlen
- und über die Schnitten gießen.

Alfred Kaltenbrunner, Grasberg 81, 4814 Neukirchen bei Altmünster

Linzer Schnitten

40 dag	*Butter*
40 dag	*Staubzucker*
4	*Eier*
20 dag	*geröstete Nüsse*
4 EL	*Milch*
	Zitronenschale
1	*Prise Salz*
	etwas Zimt
64 dag	*Mehl*
1,5 dag	*Backpulver*
	Ribiselmarmelade
	Mandelsplitter
	Oblaten

- Butter, Zucker, Eier flaumig rühren,
- gemahlene Nüsse, Zitronenschale, Salz und Zimt einrühren,
- das mit Backpulver vermischte Mehl und Milch einmengen,
- 2/3 vom Teig auf ein Backblech streichen,
- Oblaten auf den Teig geben,
- Ribiselmarmelade draufstreichen (nicht zu sparsam),
- mit dem restlichen Teig ein Gitter über den Teig spritzen und die Mandelsplitter darüberstreuen,
- bei 180° eine 3/4 Std. backen.

Johanna Haider, Hasnerstraße 12, 4020 Linz

Traubenschnitten

15 dag	Margarine
30 dag	Staubzucker
5	Dotter
5	Klar
5 dag	geriebene Schokolade
38 dag	griffiges Mehl
3/4 P.	Backpulver
0,2 l	Milch

Creme:

0,4 l	Milch
5 dag	Vanillepudding-pulver
3 EL	Zucker
1 Bl.	Gelatine
1 B.	Joghurt

Überguß:

1 P.	Tortengelee, klar

- Aus Margarine, Zucker und Dotter einen lockeren Abtrieb rühren,
- alle trockenen Zutaten vermischen und mit der Milch nach und nach in den Abtrieb einrühren,
- zuletzt den steifen Schnee unterheben,
- den Teig auf ein befettetes Blech streichen,
- bei 180° backen.

Creme:
- Einen Vanillepudding bereiten,
- Gelatine ca. 10 Min. im kalten Wasser quellen lassen, ausdrücken und im heißen Pudding auflösen,
- Joghurt in die überkühlte Masse einrühren,
- diese auf den überkühlten Kuchen streichen und mit halbierten Trauben belegen,
- mit klarem Gelee überziehen.

Anita Kiesenhofer, Marreith 7, 4293 Gutau

Altwiener Schokoladeschnitten

(Klarverwertung)

Boden:

10	Klar
20 dag	Butter
1 P.	Vanillezucker
30 dag	Haselnüsse, gemahlen
10 dag	Semmelbrösel

Belag:

20 dag	Butter
10 dag	Zucker
10	Dotter
30 dag	zerlassene Schokolade

- Klar steif schlagen,
- Zucker und Vanillezucker einrieseln lassen,
- Haselnüsse und Semmelbrösel locker unterheben,
- auf ein befettetes Blech streichen.
- Im vorgeheizten Backrohr bei 175° 20 Min. backen.

Belag:
- Butter flaumig rühren, Zucker zugeben, schaumig rühren,
- nach und nach die Dotter einrühren und zum Schluß die flüssige Schokolade vorsichtig dazugeben.
- Masse auf den etwas abgekühlten Baiserboden geben und nochmals 15 Min. backen.

Ursula Lampert, Salzburgerstraße 45, 5280 Braunau/Inn

Erdbeerfleck aus Blätterteig

25 dag	Blätterteig, tief-gekühlt
5	Eier
13 dag	Zucker
	Vanillezucker
	geriebene Zitronenschale
1	Prise Salz
13 dag	glattes Mehl
35 dag	frische, reife Erd-beeren
	etwas Butter zum Befetten
	etwas Kristallzucker zum Bestreuen

- Den Blätterteig antauen lassen,
- die Dotter mit einem Drittel des Zuckers, dem Vanille-zucker und dem Salz sehr schaumig rühren.
- Die Klar mit dem restlichen Zucker zu steifem Schnee schlagen und diesen zusammen mit dem gesiebten Mehl und der Zitronenschale unter die Dottermasse ziehen.
- Erdbeeren waschen, abzupfen und halbieren.
- Den Blätterteig in der Größe eines kleinen Back-bleches (etwa halb so groß wie ein normales Back-blech) dünn ausrollen,
- das Blech leicht befetten, den Boden und Rand mit dem Blätterteig auslegen,
- die Biskuitmasse daraufstreichen,
- die Erdbeeren mit der Schnittfläche nach unten darauf-legen und mit etwas Kristallzucker bestreuen.
- Den Erdbeerfleck im vorgeheizten Rohr bei 190° etwa 40 Min. lang backen,
- auf dem Blech erkalten lassen und danach portionie-ren.

Roswitha Mayr, Perger Straße 14, 4400 Steyr

Feine Ribiselschnitten

Mürbteig:	
14 dag	Butter
2	Dotter
21 dag	Mehl
2 EL	Staubzucker
2 EL	Milch
1	Prise Salz
Belag:	
4	Klar
20 dag	Kristallzucker
20 dag	Ribisel

- Aus den Zutaten einen feinen Mürbteig bereiten,
- 1/2 Stunde rasten lassen.
- Auf einem Blech 2–3 mm ausrollen, mehrmals ein-stechen,
- im mittelheißen Rohr überbacken.
- Klar mit dem Zucker zu sehr steifem Schnee schlagen,
- Ribiseln untermischen,
- auf den ausgekühlten Mürbteig streichen,
- 15 Min. im heißen Rohr überbacken.

Elfriede Hollerweger, 4831 Obertraun 223

Mit Vollmehl zubereitet – Nußgugelhupf (Rezept Seite 42)

Besonders leicht und schnell mit Obst der Saison zubereitet: Schokolade-Obst-Kuchen (Rezept Seite 53).

In der oberösterreichischen Mehlspeisküche nicht wegzudenken: der mit säuerlicher Marmelade gefüllte Grammelstrudel (Rezept Seite 80).

„Gånga Rånz'n" (Rezept Seite 70) – eine warme
oberösterreichische Mehlspeise nach altem Rezept.

Durch seine Topfenfülle schmeckt der
„Zupfkuchen" besonders erfrischend (Rezept Seite 50).

Für gesellige Runden: „Grammelpogatscherln" schmecken köstlich zu Most, Wein und Bier (Rezept Seite 72).

Kleine Dreiecke, gefüllt mit schaumiger Nußmasse, werden zu Kipferln geformt – die „Nachtkipferln" (Rezept Seite 73) zergehen auf der Zunge.

Die „Feine Zwetschkentorte" mit zwei Böden eignet sich auch für die Zubereitung mit anderem Obst, z. B. Marillen, Kirschen . . . (Rezept Seite 35).

*„Schneewittchenkuchen" – Der Saft von Weichseln und rotes Tortengelee
verleihen dem Tortenguß sein dekoratives Aussehen (Rezept Seite 57).*

*Von der feinen Küche wiederentdeckt:
Nußnudeln mit Zwetschkenröster als Nachspeise (Rezept Seite 98).*

Buttermilchschnitten

1/4 kg	Margarine
1/2 kg	Staubzucker
1 P.	Vanillezucker
4	Eier
4	Rippen erweichte Schokolade
1/2 l	Buttermilch
1/2 kg	griffiges Mehl
1 P.	Backpulver
	säuerliche Marmelade zum Bestreichen

Glasur:

15 dag	Margarine oder Kokosfett
15 dag	Kochschokolade

- Alle Zutaten in der angegebenen Reihenfolge zu einem Abtrieb verarbeiten,
- zum Schluß das mit Backpulver vermischte Mehl dazugeben.
- In einer flachen rechteckigen Backform bei mittlerer Hitze (ca. 180°) backen.
- Erkaltet mit säuerlicher Marmelade bestreichen,
- mit Schokoladeglasur (Margarine mit Schokolade im Wasserbad schmelzen) überziehen.

Erika Troyer, 4572 St. Pankraz 58

Zauberschnitten

2	Eier
6	Klar
6	Dotter
30 dag	Nüsse
25 dag	Zucker
30 dag	Butter
10 dag	Mehl
1/2 P.	Backpulver
30 dag	Schokolade
	etwas säuerliche Marmelade

Zuckerglasur:

2 EL	Rum
40 dag	Staubzucker
4 EL	heißes Wasser

- Butter, Zucker, Eier und Dotter flaumig rühren.
- Die erweichte Schokolade und die Nüsse einrühren.
- Das mit Backpulver versiebte Mehl und den Schnee unterheben.
- Den Teig auf ein Backblech streichen.
- Bei 180° ca. 1/2 Std. backen.
- Kuchen auskühlen lassen,
- mit säuerlicher Marmelade bestreichen und glasieren.

Zuckerglasur:
- Rum mit Staubzucker und heißem Wasser verrühren.

Theresia Meindl, Steinhumergutstraße 43, 4050 Traun

Topfen-Streusel-Schnitten

50 dag	Weizenvollmehl
25 dag	flüssige Butter
12 dag	Staubzucker
3	Eier
2 EL	Rum
2 P.	Vanillezucker
1 KL	Backpulver
Fülle:	
75 dag	Topfen
10 dag	Butter
4	Eier
20 dag	Zucker
2 EL	Grieß
	Saft von 2 Zitronen
	Vanillezucker
	etwas Rum
Streusel:	
25 dag	Weizenvollmehl
15 dag	Butter
15 dag	Zucker
	Zimt

- Eier, Zucker, Rum und Vanillezucker schaumig rühren,
- flüssige, überkühlte Butter und mit Backpulver vermischtes Mehl unterheben.
- Auf ein befettetes Blech streichen,
- die Fülle daraufstreichen und die Streusel darüberstreuen.
- Bei 180°–200° ca. 30 Min. backen.

Fülle:
- Butter flaumig rühren, Zucker, Dotter, Topfen, Grieß und Geschmacksstoffe dazurühren.
- Zuletzt den Schnee unterheben.

Streusel:
- Die zerlassene Butter unter die trockenen Zutaten mischen.

Anmerkung: Anstatt der Topfenfülle schmeckt der Kuchen auch ausgezeichnet mit Obst (z. B.: Kirschen, Zwetschken, Äpfel . . .).

Marianne Kuntner, Lungendorf 52, 4643 Pettenbach

Lambada-Schnitten

Biskuitboden:

8	*Klar*
18 dag	*Staubzucker*
1 P.	*Vanillezucker*
8	*Dotter*
18 dag	*glattes Mehl*
1 Msp.	*Backpulver*

Lambada-Pudding:

1 P.	*Vanillepudding*
1/2 l	*Cappy-Orange*
2–3 EL.	*Zucker*
1 B.	*Schlagobers*
1 P.	*Sahnesteif*
1 P.	*Biskotten*
	Ribiselgelee
	Kaffee-Rum-Gemisch

Schokoladesoße:

1	*Tafel Milch-schokolade*
1	*Tafel Bitter-schokolade*
4 dag	*Ceres*

Biskuitboden:
- Klar zu Schnee`schlagen,
- vorsichtig den Zucker einsieben und unterheben (nicht rühren!),
- die Dotter mit einer Gabel versprudeln und langsam zur Masse geben.
- Zum Schluß das mit Backpulver vermischte Mehl hineinsieben und behutsam unterheben.
- Backblech befetten und bemehlen,
- die Masse vorsichtig auf das Blech streichen,
- bei ca. 200° 20–30 Min. goldgelb backen.
- Auskühlen lassen.

Lambada-Pudding:
- Puddingpulver mit etwas Cappy-Orange anrühren,
- restliche Flüssigkeit aufkochen und unter ständigem Rühren den Pudding einkochen.

Fertigstellung:
- Das ausgekühlte Biskuit ganz dünn mit Ribisel-Gelee bestreichen.
- Den noch heißen Pudding über das Ribiselgelee gießen, vorsichtig verteilen und auskühlen lassen.
- Das mit Sahnesteif geschlagene Schlagobers gleichmäßig auf den ausgekühlten Pudding streichen.
- Die in Kaffee-Rum-Gemisch getunkten Biskotten ganz dicht darauflegen.
- Zum Schluß die Biskotten mit einem Pinsel mit der noch flüssigen Schokoladeglasur einzeln glasieren.

Gertrude Schiegl, Linzer Straße 83, 4600 Wels

Bananen im Teig

12 dag	*kalte Butter*
25 dag	*Mehl, griffig*
1 KL	*Zitronensaft*
	Salz
6	*Bananen*

Zum Wälzen und Bestreuen:

2 P.	*Vanillezucker*
15 dag	*Kristallzucker*

Zum Bestreichen:

20 dag	*säuerliche Marmelade*
1	*Klar*

- Klein geschnittene Butter, Mehl, Salz, Zitronensaft und etwas kaltes Wasser zu einem lockeren Mürbteig kneten,
- an einem kühlen Ort einen Tag stehen lassen.
- Auswalken und in 6 Teile schneiden,
- geschälte Bananen der Länge nach aufschneiden,
- mit Marmelade bestreichen und wieder zusammensetzen,
- in Zucker rollen und in die Teigstücke einschlagen,
- die Ränder mit Klar zusammenkleben.
- Mit einer Gabel ein Muster in den Teig drücken,
- mit Klar bepinseln und mit Vanillezucker bestreuen,
- eine Viertelstunde bei 230° backen.

Anmerkung: Schmeckt sowohl heiß als auch kalt. Statt den Bananen könnte man auch Birnenhälften, Ananasscheiben oder auch Äpfel verwenden.

Erna Brandmair, Linzer Straße 39, 4800 Attnang-Puchheim

Rahmkipferln

25 dag	*Mehl*
25 dag	*Butter*
1/16 l	*Rahm*
2	*Dotter*
	etwas Salz
1/2 P.	*Backpulver*

Fülle:

20 dag	*säuerliche Marmelade*

Zum Wälzen:

10 dag	*Staubzucker*
1 P.	*Vanillezucker*

- Mit Backpulver versiebtes Mehl mit Butter abbröseln,
- den mit Dotter versprudelten Rahm und Salz zugeben und verkneten,
- den Teig etwas rasten lassen,
- auswalken, Quadrate schneiden,
- mit etwas Marmelade füllen und Kipferln formen (auch Röllchen möglich),
- im vorgeheizten Rohr bei 200° (Mittelschiene) backen,
- noch heiß im Staubzucker-Vanillezucker-Gemisch wälzen.

Maria Gruber, Außerroh 27, 4661 Roitham

Birndalken

Germteig:

50 dag	Mehl
4 dag	Germ
1/4 l	lauwarme Milch
10 dag	Butter
5 dag	Zucker
2	Dotter
1	Prise Salz
1 P.	Vanillezucker
	etwas Rum
	etwas zerlassene Butter zum Bestreichen

Belag:

25 dag	Birnenmus
20 dag	trockener Bauerntopfen

- Aus den Zutaten einen Germteig bereiten und gehen lassen.
- Mit einem Eßlöffel 6 kleine Teigstücke auf ein befettetes Blech setzen und gehen lassen,
- anschließend zu möglichst dünnen Fladen drücken, (1 Blech = 6 Fladen),
- mit zerlassener Butter bestreichen,
- bei ca. 200° auf mittlerer Schiene hellbraun backen.
- Nach dem Auskühlen mit Birnenmus (mit Maizena eindicken!) bestreichen,
- nun den Bauerntopfen darauf verteilen und anzuckern.

Anmerkung: Nach Belieben mit Schlagoberstupfen verzieren.

Maria Reiger, Puchstraße 8, 4400 Steyr

Nußkrapferln

Topfenteig:

12,5 dag	Topfen
12,5 dag	Mehl
12,5 dag	Margarine

Nußfülle:

1	Ei
12 dag	Staubzucker
1 KL	Wasser
12 dag	Haselnüsse, gerieben
1	Ei zum Bestreichen

- Topfen, Mehl und Margarine zu einem Teig verkneten,
- 1/2 Std. rasten lassen,
- Topfenteig ausrollen und 6 x 6 cm große Quadrate schneiden,
- je ein Häufchen Nußfülle draufsetzen, zusammenschlagen,
- mit Ei bestreichen,
- 25–30 Min. bei 180° backen (Mittelschiene).

Fülle:
- Dotter, Zucker und Wasser schaumig rühren,
- Schnee schlagen,
- Nüsse und Schnee darunterheben.

Barbara Doplbauer, Linzer Straße 6, 4070 Eferding

G'ånga Rånz'n

50 dag	Mehl
3 dag	Germ
1/4 l	Milch
3 EL	Staubzucker
6 dag	Butter
2	Dotter
	Salz
1 EL	Rum

Fülle:

Ribiselmarmelade
oder
Erdbeermarmelade

geriebene Nüsse und
Rosinen nach
Belieben

Zum Bestreichen und für die
Kasserolle:

zerlassene Butter

Zum Übergießen:

1/4 l Milch

- Das Dampferl aus 4 EL lauwarmer Milch, etwas Mehl und Zucker sowie der Germ bereiten,
- zugedeckt gehen lassen.
- Mehl mit zerlassener Butter und den restlichen Zutaten vermengen,
- das aufgegangene Dampferl einrühren,
- den Teig gut abschlagen,
- 1 Std. zugedeckt bei ca. 22° (Zimmertemperatur) gehen lassen.
- Den Teig auf einem bemehlten Nudelbrett dünn auswalken,
- der Länge nach halbieren, damit die Rolle nicht zu dick wird,
- mit Marmelade bestreichen, mit Nüssen oder Rosinen bestreuen,
- wie einen Strudel einrollen, rundherum mit zerlassener Butter bestreichen,
- in 3–4 cm breite Rollen schneiden,
- mit der Schnittfläche nach oben in eine gut befettete Kasserolle schlichten.
- Noch einmal gehen lassen,
- bei ca. 180° im Rohr (unterste Schiene) backen,
- zum Schluß mit Milch übergießen.

Anmerkung: Heiß mit Vanillesoße servieren.

Theresia Pöchtrager, Simaden 33, 4171 St. Peter

Hochzeitsgolatschen

Germteig:

50 dag	*Mehl*
33 dag	*Butter oder Margarine*
7 dag	*Staubzucker*
4 dag	*Germ*
1 P.	*Vanillezucker*
	etwas Salz
	Zitronenschale
1/8 l	*Milch*
3	*Dotter*
1	*Dotter zum Bestreichen*

Für das Blech:

	Margarine oder Butter

Zum Belegen:

ca. 10 dag	*von jeder Fülle*
	Topfen
	Mohn
	Nuß
	Powidlmarmelade

Streusel:

13 dag	*Mehl*
10 dag	*Butter*

- Dampfl bereiten,
- Butter, Zucker und Dotter glattrühren,
- Mehl, Abtrieb und Dampfl zusammenmischen,
- sofort Kugerln formen,
- je eine Vertiefung drücken und auf ein befettetes Blech setzen,
- den Rand mit Dotter bestreichen,
- jedes Stück mit Topfen-, Nuß-, Mohnfülle und Powidlmarmelade belegen,
- darüber Streusel streuen.
- Für den Streusel Mehl und Butter abbröseln.
- Sofort im vorgeheizten Rohr bei 180° backen (Mittelschiene).

Anmerkung: Nicht gehen lassen!

Maria Reitter, Lettenstraße 40, 4523 Neuzeug

Apfelmandl

Teig:

30 dag	Mehl
30 dag	Topfen
30 dag	Butter
	Salz

Fülle:

3/4 kg	kleine Äpfel
20 dag	Ribiselmarmelade
	etwas Rum

Zum Bestreichen:

1	Ei

- Mehl, Topfen und Butter verkneten,
- eine halbe Stunde im Kühlschrank rasten lassen.
- Äpfel schälen, das Kerngehäuse ausstechen,
- Marmelade mit Rum verbessern und damit die Äpfel füllen.
- Den Teig nicht zu dick ausrollen,
- runde Flecke ausradeln,
- Äpfel darausetzen,
- den Teig mit einer Nelke oben befestigen,
- mit Ei bestreichen und bei ca. 200° (Mittelschiene) backen.

Anmerkung: Man kann aus dem Teig auch Vierecke radeln, mit einer Apfelfülle füllen, zusammenklappen und fest zudrücken, mit Ei bestreichen und backen.

Anna Kircher, Ragereck 6, 4871 Zipf

Grammelpogatscherln

20 dag	Grammeln
25 dag	Mehl
1	Ei
	Salz
2–3 EL	Rahm
1 P.	Backpulver

- Grammeln faschieren und mit dem Mehl abbröseln,
- mit 1/2 Ei, Salz, Rahm und Backpulver rasch zu einem Teig verarbeiten,
- wie einen Blätterteig dreimal zusammenschlagen,
- dann fingerdick auswalken,
- Scheiben ausstechen, an der Oberfläche mit dem Messerrücken ein Gitter einkerben,
- mit dem restlichen Ei bestreichen.
- Die Pogatscherln auf ein befettetes Blech setzen,
- bei 200° (Mittelschiene) hellbraun backen.

Helga Maurer, Brunnenfeldstraße 9, 4030 Linz

Wiener Lieblinge

25 dag	Mehl
25 dag	Butter
25 dag	Topfen
1	Dotter
	Salz
	etwas Backpulver
Mohnfülle:	
25 dag	Mohn
5 dag	Zucker
1/8 l	Milch
5 dag	Rosinen
	Zimt
	Rum
	etwas Marmelade

- Einen Teig bereiten, ausrollen, Quadrate ausradeln;
- mit Mohnfülle bestreichen und von zwei Seiten zusammenschlagen,
- im Rohr bei 220° backen.

Fülle:
- Gemahlenen Mohn mit Milch, Rosinen und Zucker gut aufkochen,
- mit Rum, Zimt und Marmelade verfeinern.

Maria Gundendorfer, Altenhofstraße 7, 4493 Wolkern

Nachtkipferln

25 dag	Butter
25 dag	Mehl
6	Dotter
3 EL	Rahm
Fülle:	
6	Klar
25 dag	Kristallzucker
25 dag	geriebene Nüsse
1 P.	Vanillezucker
	Staubzucker zum Bestreuen

- Butter, Mehl, Dotter und Rahm zu einem Teig kneten,
- über Nacht rasten lassen.
- Den Teig ausrollen,
- gleichmäßige Dreiecke schneiden,
- füllen und zu Kipferln formen.
- Auf ein befettetes Backblech legen und bei 180° backen,
- mit etwas Staubzucker bestreuen.

Fülle:
- Klar steif schlagen,
- mit Zucker ausschlagen, Nüsse und Vanillezucker unterheben.

Hildegard Zierfuss, Sommerlandstraße 16, 4052 Ansfelden

Powidl-Mohnstrudel

(für 2 Strudel)	
50 dag	*Mehl*
10 dag	*Butter*
ca. 3/16 l	*Milch*
1	*Dotter*
1	*Ei*
1	*Stamperl Rum*
2 dag	*Germ*
	etwas Salz
Mohnfülle:	
25 dag	*gemahlener Mohn*
10 dag	*Brösel*
1 EL	*Honig*
ca. 1/16 l	*Rum*
	Zitronenschale
	Zimt
20 dag	*Zucker*
1/8 l	*Wasser*
	Milch nach Bedarf

Strudel:
- Aus Germ, 3 EL Milch und 1 EL Zucker Dampfl herstellen, gehen lassen.
- In einer Schüssel Mehl, flüssige Butter, Dotter, Ei, Rum, Salz, erwärmte Milch und Dampfl gut vermengen und kräftig zu einem mittelfesten Teig abschlagen.
- An einem warmen Ort um die Hälfte aufgehen lassen.
- Den Germteig ganz dünn ausrollen,
- gut mit Powidl bestreichen,
- Mohnfülle darüberstreichen und Strudel einrollen,
- noch einmal ca. 15 Min. gehen lassen,
- mit Ei bestreichen, einige Male anstechen
- bei ca. 180° 30 Min. backen.

Mohnfülle:
- Zucker und Wasser aufkochen lassen,
- Mohn, Brösel, Honig, Rum, Zitronenschale, Zimt mit so viel Milch verrühren, daß eine streichfähige Masse entsteht.

Johanna Haider, Hasnerstraße 12, 4020 Linz

Kriegs-Strudel

30 dag	*Mehl*
10 dag	*Staubzucker*
3 dag	*Butter oder*
	Margarine
1	*Ei*
1/2 P.	*Backpulver*
	abgeriebene Zitronenschale
1 EL	*Rum*
Fülle:	
	Marmelade

- Alle Zutaten gut vermengen und durchkneten,
- den Teig ca. 1/2 cm dick auswalken,
- gut mit Marmelade bestreichen.
- Einrollen,
- auf befettetem Blech im vorgeheizten Rohr bei 180° goldgelb backen.
- Auskühlen lassen und mit Zucker bestreuen.

Erich Stadlbauer, Eschenbachstr. 23/91, 4600 Wels

Mürber Mohnstrudel

Teig:

25 dag	Mehl
1/2 P.	Backpulver
12 dag	Butter
6 dag	Staubzucker
1 P.	Vanillezucker
1	Ei
	Zimt
	Schale von 1/2 Zitrone

Fülle:

20 dag	gemahlener Mohn
16 dag	Zucker
1 P.	Vanillezucker
4 dag	Butter
2 EL	Rum
3/16 l	Milch
1 EL	Honig
2 dag	Semmelbrösel
	Zimt
	Zitronenschale
6 dag	Rosinen
5 dag	gestiftelte Mandeln
5 dag	gehackte Schokolade
1	Ei zum Bestreichen

- Das mit Backpulver versiebte Mehl mit Butter verbröseln.
- Die übrigen Zutaten dazugeben und rasch zu einem Teig kneten.
- 1/2 Std. kühl rasten lassen.
- Für die Mohnfülle die Milch aufkochen,
- alle anderen Zutaten einrühren und so lange rühren, bis die Fülle gut vermischt ist.
- Den Teig messerrückendick ausrollen.
- In die Mitte die abgekühlte Fülle streichen,
- einen Teil zur Mitte schlagen,
- den Rand mit versprudeltem Ei bestreichen und die zweite Teighälfte über die Fülle legen.
- Mit der Naht nach unten auf ein gefettetes Blech legen, Enden verschließen.
- Den Strudel mit Ei bestreichen, einige Male mit der Gabel einstechen,
- mit gestiftelten Mandeln und Schokolade bestreuen,
- im vorgeheizten Rohr bei 175° ca. 50 Min. backen.

Elisabeth Niedermayr, Königswiesen 193

75

Kokos-Frucht-Strudel

30 dag	*Mehl*
6 dag	*Zucker*
10 dag	*Butter*
4 dag	*Germ*
1	*Prise Salz*
	Schale von 1 Zitrone
1/2 P.	*Vanillezucker*
1	*Ei*
1	*Dotter*
1/4 l	*Milch*

Fülle:

6	*Klar*
5 dag	*Zucker*
15 dag	*Kokosflocken*
3/4 kg	*geputztes, zerkleinertes Obst (je nach Jahreszeit – z. B. Erdbeeren, Kirschen, Trauben usw.)*
	Vanillezucker zum Bestreuen

- Einen nicht zu weichen Germteig herstellen,
- ca. 15 Min. gehen lassen.
- Sehr festen Schnee schlagen, mit Zucker fest ausschlagen,
- die Kokosflocken untermengen.
- Den Teig zu einem ca. 40x50 cm großen Rechteck auswalken,
- darauf den Kokos-Schnee gleichmäßig verstreichen,
- Früchte darauf verteilen,
- zu einem nicht zu festen Strudel zusammenrollen,
- ca. 15 Min. gehen lassen,
- 1 Std. im vorgeheizten Rohr (170°) backen.
- Noch heiß mit Vanillezucker bestreuen.

Resi Stadler, Traxenbichl 22, 4644 Scharnstein

Apfelstrudel

35 dag	*Mehl*
25 dag	*Margarine*
6 EL	*Most oder Weißwein*
3 EL	*Rahm*
2	*Dotter*
1 kg	*Äpfel*
	Zimt
	Zucker
	Klar zum Bestreichen

- Einen Mürbteig zubereiten,
- rasten lassen,
- rechteckig auswalken,
- in der Mitte mit kleingeschnittenen Äpfeln belegen,
- Zimt und Zucker darüberstreuen,
- zusammenschlagen, mit Klar bestreichen.
- Auf befettetem Blech ca. 40 Min. bei 180° backen,
- noch warm portionieren.

Gusti Bichler, Sickingerstr. 82, 4861 Schörfling

Osterfladen

3 dag	Germ
2 EL	Mehl
3 EL	Milch
15 dag	Butter
4	Dotter
15 dag	Zucker
50 dag	Mehl
5 dag	Zitronat
1 KL	Anis, gehackt
1	Prise Salz

- Die Germ mit etwas Mehl und Milch zu einem Dampfl ansetzen,
- gehen lassen.
- Butter und Zucker mit Dotter flaumig rühren,
- das Mehl mit fein geschnittenem Zitronat, Anis und einer Prise Salz vermischen und unterheben,
- den Teig gut kneten.
- 2 runde Laibe formen, mit Dotter bestreichen,
- gut gehen lassen,
- kreuzweise einschneiden,
- goldbraun backen.
- Die Ecken der Fladen mit Zucker bestreuen.

Barbara Doplbauer, 4070 Eferding

Marmeladestrudel (2 Strudel)

60 dag	Mehl
30 dag	Zucker
1 P.	Vanillezucker
3	Eier
25 dag	Margarine
1 P.	Backpulver
	Schale von 1 Zitrone
10 EL	Schlagobers
Fülle:	
	Ribiselmarmelade

- Zutaten zu einem Mürbteig verarbeiten,
- den Teig in zwei Teile teilen und ca. 3 mm dick auswalken.
- Mit Marmelade bestreichen,
- zu einem Strudel einrollen,
- in einer befetteten, bemehlten Pfanne bei ca. 180° ca. 1 Std. hellbraun backen.

Gabriele Mayr, Wolfgrub 35, 4812 Pinsdorf

Nußstrudel aus Erdäpfelteig

1/2 kg	*mehlige Erdäpfel*
55 dag	*Mehl*
1 P.	*Backpulver*
20 dag	*Margarine*
20 dag	*Staubzucker*
1 P.	*Vanillezucker*
1 1/2	*Eier*
	etwas abgeriebene Zitronenschale
1	*Prise Salz*
Fülle:	
1/4 l	*Milch*
15 dag	*Staubzucker*
1 P.	*Vanillezucker*
3 EL	*Honig*
5 dag	*Rosinen*
30 dag	*geriebene Nüsse*
1 EL	*Rum*
1 KL	*Zimt*
	abgeriebene Zitronenschale
1/2	*Ei zum Bestreichen*

- Erdäpfel dämpfen, schälen, passieren und erkalten lassen.
- Das mit Backpulver und einer Prise Salz versiebte Mehl mit Margarine verbröseln.
- Erdäpfel, Zucker, Vanillezucker, Zitronenschale und 1 1/2 Eier dazugeben und rasch zu einem glatten Teig verkneten.
- 1/2 Std. kühl rasten lassen.
- Den Teig in 2 Teile teilen,
- diese zu einem Rechteck ausrollen,
- mit Fülle bestreichen,
- von beiden Seiten bis zur Hälfte einrollen.
- Mit der Naht nach unten auf das mit Backpapier ausgelegte Backblech legen,
- mit Ei bestreichen, einige Male einstechen,
- bei mäßiger Hitze ca. 40 Min. backen.

Fülle:
- Milch mit Zucker, Vanillezucker und Honig aufkochen,
- vom Herd nehmen,
- mit Nüssen, Rum, Zimt, Zitronenschale und Rosinen verrühren.
- Fülle vor dem Einstreichen gut auskühlen lassen.

Anmerkung: Fülle darf nicht zu weich sein, sonst platzt der Strudel!

Brigitte Stöghofer, Fornacherstraße 28/6, 4890 Frankenmarkt

Osterpinzen

50 dag	Mehl, glatt
17 dag	Kristallzucker
15 dag	Butter
4 dag	Germ
8 g	Salz
ca. 1/4 l	Milch
	etwas Rum
1	Ei
6	Dotter
1 P.	Vanillezucker
	geriebene Schale von 1 Zitrone
	Rosinen nach Geschmack
3	Dotter zum Bestreichen

- Aus 1/8 l lauwarmer Milch, der zerbröselten Germ und etwas Mehl ein Dampfl machen,
- mit Mehl bestauben und zugedeckt gehen lassen.
- Nach dem Reifen (Sprünge auf der Dampfloberseite) mit allen Zutaten und der restlichen Milch einen etwas festeren, formbaren Teig kneten (evtl. etwas Wasser dazugeben),
- zu einer Kugel formen und zugedeckt gehen lassen.
- Sobald der Teig aufgegangen ist, mit der Hand kräftig zusammenschlagen und wiederum zugedeckt gehen lassen, damit er ziemlich trocken und feinporig wird (Pinzen sollen nicht zu leicht und flaumig, sondern schwer und kuchenartig in ihrer Beschaffenheit sein.)
- Nach kurzer Rastzeit die Teigkugel in ca. eigroße Stücke teilen,
- jedes Stück zu einer Kugel formen,
- diese mit der Naht nach unten in genügend weitem Abstand auf ein leicht gefettetes Blech legen,
- mit einem Tuch zugedeckt etwas gehen lassen,
- dann mit den Dottern rundherum kräftig bepinseln und an der Luft trocknen lassen.
- Mit einer großen Schere seitlich in die Kugeln längs je drei tiefe Einschnitte machen,
- die Pinzen im vorgeheizten Backrohr bei ca. 200° backen.

Anmerkung: Während des Backens reißt das Backgut an den Einschnitten auf, die Oberfläche sieht zum Schluß wie lackiert aus. Fertiggebackene Pinzen (goldbraun) nicht mit Zucker bestreuen.

Anita Loizenbauer, Weyerbach 58, 4512 Weißkirchen/Tr.

Milchbrot

1/2 kg	Mehl
	Salz
5 dag	Rosinen
1/4 l	Milch
6 dag	Kristallzucker
8 dag	Butter
2 dag	Germ
1	Dotter zum Bestreichen
	Hagelzucker zum Bestreuen

- Dampfl zubreiten: Germ, 3 EL Milch, 2 EL Mehl und 1 EL Zucker gut verrühren und 10 Min. an einem warmen Ort gehen lassen.
- Erwärmtes Mehl, Salz, gereinigte Rosinen, lauwarme Milch, zerlassene Butter, Zucker und Dampfl in einer Schüssel zu einem Teig verarbeiten,
- dann am Brett gut kneten,
- an einem mäßig warmen Ort gehen lassen.
- 1–2 Laibe formen,
- auf ein befettetes und bemehltes Blech geben,
- 1/2 Std. aufgehen lassen.
- Dann mit Dotter bestreichen und mit Hagelzucker bestreuen.
- Bei 175° ca. 30–40 Min. backen.

Theresia Grubinger, 4882 Oberwang 51

Grammelstrudel

20 dag	Grammeln, faschiert
40 dag	Mehl
15 dag	Staubzucker
1 P.	Backpulver
2	Eier
	etwas Nelkenpulver
	Milch nach Bedarf
	Ribiselmarmelade

- Aus den angegebenen Zutaten einen Mürbteig bereiten,
- etwas rasten lassen,
- ein Rechteck auswalken,
- mit Ribiselmarmelade bestreichen.
- Zu einem Strudel rollen,
- auf ein Backblech legen,
- bei Mittelhitze (180°) ca. 40 Min. backen.

Ingrid Hartl, Am Lerchenfeld 56, 4020 Linz

Warme Mehlspeisen

Das Einteilen ist eine heikle Sache. Da kann es einen leicht strudeln. Wer nun gar Strudel einteilt, den strudelt es fast ganz gewiß. Das mag sich so manche Köchin oder so mancher Koch gedacht haben, wenn er in unserem Buch unter dem großen Abschnitt der kalten Mehlspeisen Strudel gefunden hat. Denn ein Strudel ist ebenso gewiß dem großen Thema der warmen Mehlspeisen zuzuordnen. Aber so wie sich ein schöner Apfelstrudel eben strudelförmig durch die Pfanne windet, so zieht sich das Kapitel Strudel in einem Kochbuch von einem Abschnitt zum anderen.

Es ist ja recht typisch für die österreichische und besonders auch für die oberösterreichische Küche, daß Mehlspeisen nicht nur als kaltes Dessert oder als fester Bestandteil einer Kaffeejause gelten. Warme Mehlspeisen sind ein beherrschender Teil der Kochkunst unserer Gegend.

Wir verdanken sie vor allem den Fastenspeisen, meint Maier-Bruck im Sacher-Kochbuch. Nur mehr an zwei Tagen im Jahr gilt heute das alte kirchliche Fleischverbot. Bis vor kurzer Zeit galt auch der Freitag als fleischlos. In vielen Familien wird er immer noch so gehalten – oder man erinnert sich zumindest beim Überlegen des Speisezettels daran. Früher freilich war das Kirchenjahr in weit längeren Abschnitten fleischlos gehalten. Die ganze Fastenzeit über galt Fleischverbot, was freilich dazu geführt hat, daß nicht nur Fische, sondern da und dort sogar Enten als Wassertiere und somit als fleischlose Fastenspeise betrachtet wurden. Einfachen Gläubigen blieben vorwiegend Mehlspeisen als Fastengerichte.

Die große Zahl von warmen Mehlspeisen ist auch ein Ausdruck dafür, daß Fleisch früher sehr teuer und für viele Familien unerschwinglich war. Da auch die Methoden der modernen Tierzucht und Tiermast noch nicht entwickelt waren, stand Fleisch von Natur aus nicht in solchem Ausmaß zur Verfügung. Schweine wurden nur zu bestimmten Zeiten geschlachtet. Man konnte das Fleisch nicht beliebig oder so leicht wie heute konservieren. Räuchern und Einsuren waren die einzigen Möglichkeiten. Rindfleisch schließlich war noch rarer. Die Kühe brauchte man zur Milchgewinnung. Die männlichen Jungtiere, die jungen Stiere, hatten eine andere Aufgabe als heute, wo sie als beliebte Fleischlieferanten gelten. Man nahm ihnen ihre Männlichkeit, um sie als Ochsen vor den Karren zu spannen. Das Wild schließlich blieb den hohen Herren vorbehalten. Das Wildern vor allem in den Regionen mit großen adeligen oder gar kaiserlichen Forsten hatte seine Wurzeln nicht nur in der Auflehnung gegen die Herrschaft, sondern oft auch in bitterer Not, weil es die einzige Gelegenheit war, der Familie einmal Fleisch zukommen zu lassen.

So hat sich eine große Vielfalt an Mehlspeisen entfaltet und erhalten, die die Grundlagen der täglichen Ernährung waren. Gerade in einer gesundheits- und ernährungsbewußten Zeit wie der unseren greift man darauf vermehrt zurück. Es war wahrscheinlich ein Ausdruck der Freude über den ungewohnten Reichtum, die ungewohnte allgemeine Wohlhabenheit, daß Fleisch zur vorwiegenden oder ausschließlichen Nahrungsquelle wurde.

Eine ideenreiche Mehlspeisküche kann durchaus auch mit Resten etwas anfangen. Mit hartgewordenen Semmeln kann man einen Scheiterhaufen zubereiten. Und schließlich lassen sich zu früh gefallene Äpfel immer noch in einem Strudel oder in Apfelschlangerln mit etwas Zucker versüßt verwenden.

Feinschmecker von früher und heute schätzen kleine Portionen warmer Mehlspeisen aber auch zum Dessert. Ein Stück köstlichen Strudels oder Palatschinken lassen einem schon das Wasser im Mund zusammenlaufen, wenn man daran denkt.

Den Strudel kennt unsere Küche in vielen Varianten. Man kann ihn mit Fleisch oder Gemüse füllen, uns beschäftigt hier die Strudelmehlspeise, also die süße Variante. Entscheidend beim Strudel ist, daß der Teig möglichst dünn ist. Eine Zeitung soll man durch den Teig lesen können, lautet eine alte Regel. Hier wird Kochen wahrhaftig zur Kunst, zur Handwerkskunst. Wer auch den Teig liebt, wird diese Regel der feinen Küche getrost vergessen.

Der Strudel ist einerseits aus dem Osten zu uns gekommen, und zwar mit den Türken, andererseits über Spanien durch die Mauren. Die Ungarn haben sich so intensiv mit dem Strudelteig beschäftigt, daß berühmte Köche aus Frankreich nach Budapest reisten, um den Strudelteig und seine Zubereitung zu studieren. Die Hausfrau, die bodenständig kocht, wird ihren Strudel immer mit Strudelteig machen und nicht mit Blätterteig, was eher als französische Variante gilt.

Viel später als der Strudel hat der Schmarren den Eingang in die bürgerliche Küche gefunden. Er blieb immer ein bäuerliches Gericht, das Maier-Bruck im Sacher-Kochbuch auf die älplerischen Pfannenspeisen zurückführt, während der Strudel mehr im Südosten, im Donauraum daheim war. So vielfältig wie die Zahl der Strudel ist die Variationsmöglichkeit beim Schmarrn nicht. Eines gehört zu einem ordentlichen Schmarrn auf jeden Fall dazu, ein Kompott. Wer's besonders fein haben will, der schwört auf Holler- oder Zwetschkenröster.

Bleiben uns noch die Palatschinken, die vom Teig her mit dem Schmarren verwandt sind. Das Wort kommt übrigens nicht aus dem Tschechischen, sondern von dem lateinischen „placenta", was soviel wie Kuchen heißt. Die Ungarn haben die „placenta" umgewandelt, und über Böhmen ist letztlich der Name Palatschinken daraus geworden. Es handelt sich also um ein Gericht, das für den ganzen Bereich des alten Österreich typisch ist. Hauchdünn sollen sie übrigens sein, die Palatschinken, dann gelten sie als besonders gelungen. Neben der klassischen Fülle mit Marillenmarmelade sind auch hier der Phantasie der Hausfrau keine Grenzen gesetzt. Wir sollten übrigens stolz sein auf unsere Palatschinken und sie nicht mit Pfannkuchen und Omeletten in einen Topf werfen. Anregungen für die herrlichsten warmen Mehlspeisen finden Sie auf den folgenden Seiten.

Spritzstrauben mit Mostschaum

4–6 Portionen	
1/8 l	Milch
3 dag	Butter
	Salz
8 dag	Mehl
2	Eier
1 KL	Staubzucker
1 KL	Rum
	Backfett
	Staubzucker, mit etwas Zimt vermischt
Mostschaum:	
1/4 l	herber Most (Apfelmost)
10 dag	Kristallzucker
4	Dotter

- Milch, Butter und Salz aufkochen lassen,
- das Mehl hineingeben, mit dem Kochlöffel glattrühren.
- Sobald der Teig glatt ist, den Brandteig auf kleiner Flamme mit dem Kochlöffel weiterrühren, bis er sich von Geschirr und Kochlöffel löst.
- Vom Feuer nehmen, etwas überkühlen,
- Eier, Rum und Zucker beigeben;
- gut verrühren!
- Den fertigen Brandteig in einen Dressiersack füllen,
- durch eine große Sterntülle fingerlange Stäbchen in das heiße Fett spritzen und backen.
- Herausheben und abtropfen lassen,
- mit Zimtzucker bestreuen und mit Mostschaum servieren.

Mostschaum:

- Wenn Sie herben Most verwenden, erhält der Mostschaum eine pikante Note, die manchen Feinspitz dazu bringt, ihn seinem „weinseligen Bruder" vorzuziehen.
- Die Zubereitung ist denkbar einfach:
- Man schlägt Most, Zucker und Dotter über Dunst zu sämigem Schaum.

Annegret Remtisch, Ramingdorf 72, 4431 Haidershofen

Apfel-Palatschinken

15 dag	Mehl
1/4 l	Milch
2	Eier
1	Dotter
1	Prise Salz
2	Äpfel
	Fett zum Backen

- Die Milch mit Mehl, den 2 Eiern und dem Dotter zu einem Teig verrühren.
- 20 Min. rasten lassen.
- Die 2 Äpfel grob reiben, untermischen und Palatschinken herausbacken.
- Mit Zucker und Zimt die Nachspeise bestreuen.

Maria Obermüller, Rennersdorf 3, 4083 Haibach

Schlosserbuben

Teig:	
36 dag	Mehl
3/8 l	Milch
5 dag	Öl
3	Eier
5 dag	Zucker
1	Prise Salz
Fülle:	
70 dag	große, getrocknete Zwetschken
10 dag	geschälte Mandeln
15 dag	Schokolade
6 dag	Zucker zum Bestreuen
	Öl und Backfett
Soße:	
30 dag	Himbeeren
	Staubzucker oder Honig

- Mehl, Milch, Öl, Dotter und Salz zu einem glatten Teig verrühren,
- vor Verwenden des Teiges Klar mit Zucker zu Schnee schlagen und unterheben.
- In die eingeweichten, abgetropften Zwetschken anstelle des Kernes eine Mandel einsetzen,
- Zwetschken in Backteig tauchen und im heißen Fett goldgelb backen.
- Gut abtropfen lassen.
- In geriebener Schokolade wälzen und mit Zucker bestreuen!
- Dazu paßt sehr gut eine Himbeersoße aus Himbeeren, mit Staubzucker oder Honig abgeschmeckt!

Maria Obermüller, Rennersdorf 3, 4083 Haibach

Schneebälle

40 dag	Mehl
6	Dotter
2	Eier
	etwas Rahm
	Schnaps
1	Prise Salz
	Backfett

- Mehl auf ein Brett geben, mit Dottern, Eiern, Schnaps, Rahm und Salz zu einem etwas festeren Teig verarbeiten,
- Rolle formen, kurz rasten lassen.
- Scheiben abschneiden, sehr dünn auswalken, in der Mitte der Teigplatte 2 cm breite Streifen radeln, nicht bis zum Rand durchschneiden.
- Jeden zweiten Streifen mit dem Kochlöffel aufnehmen und in heißem Fett auf beiden Seiten rasch ausbacken.
- Das Gefäß zum Ausbacken sollte ca. 15 cm Durchmesser haben.

Hermine Weigel, Kranewittweg 73, 5280 Braunau

Erdbeer-Topfensoufflé

50 dag	Erdbeeren
8 dag	Zucker
4	Dotter
5 dag	Zucker
1 P.	Vanillezucker
	geriebene Schale einer Zitrone
37 dag	Topfen
4	Klar
	Butter zum Einfetten
1 EL	Semmelbrösel zum Bestreuen

- Erdbeeren kurz waschen, entstielen, abtropfen lassen und mit Zucker bestreuen, vorsichtig mischen und 15 Min. ziehen lassen.
- Inzwischen Dotter mit Zucker, Vanillezucker und Zitronenschale schaumig rühren,
- nach und nach Topfen einrühren und kalt stellen, bis das Eiweiß steif geschlagen ist.
- Die Hälfte davon vorsichtig unter den Topfen heben, den Rest zugedeckt in den Kühlschrank stellen.
- Auflaufform einfetten und mit Bröseln ausstreuen,
- schichtweise Topfen und Erdbeeren in die Form füllen und als oberste Schicht Erdbeeren auflegen.
- Darauf kommt der restliche Eischnee, den man mit etwas Zucker ausschlägt.
- In den vorgeheizten Ofen auf die mittlere Schiene schieben und ca. 40 Min. bei ca. 180–200° (Gasherd Stufe 4) backen.

Anmerkung: Nachtisch für verwöhnte Zungen.

Rosi Heinzl, Unionstraße 149, 4020 Linz

Dinkel-Topfennockerln

6 dag	Butter
15 dag	Dinkelmehl
25 dag	Topfen
1	Ei
	Zitronensaft
	Salz
	Rum
5 dag	Butter
	Brösel
	evtl. Dinkelkleie
	Zucker

- Die Butter mit dem Ei flaumig rühren,
- restliche Zutaten einmengen und gut verrühren.
- Aus dem Teig Nockerln formen,
- in kochendes, leicht gesalzenes Wasser einlegen und garziehen lassen.
- Butter zerlassen, Brösel, Dinkelkleie und Zucker einrühren und Nockerln darin wälzen.
- Dazu Kompott servieren!

Monika Fluch, Siedlungs. .ße 9, 3350 Haag

Topfenschmarren einmal anders

2	Äpfel
8 dag	Butter
25 dag	Topfen
2	Eier
4 dag	Zucker
6 dag	Mehl
3 EL	Rahm oder Milch
3 dag	Rosinen
3 dag	Walnüsse, grob gehackt

(Kaloriensparer nehmen Magertopfen und Milch statt Rahm)

- Die Äpfel schälen, in kleine Würfel schneiden und in etwas Wasser mit Gewürznelken halbweich dünsten.
- Abkühlen lassen.
- Butter in Auflaufform (25x16 cm) im Rohr schmelzen lassen.
- Topfen, Dotter, Zucker, Rahm und Rosinen gut vermischen.
- Das Mehl, die Walnüsse und die Apfelstücke dazugeben.
- Am Ende den festen Schnee einrühren und in die Auflaufform geben.
- Bei 160° im Rohr ungefähr 40 Min. ausdünsten lassen.
- Ab und zu mit zwei Gabeln lockern,
- den fertigen Schmarren mit Staubzucker und Honig servieren.

Variante:

- Sie können statt den Apfelstücken zwei bis drei geschnittene Bananen nehmen. Die Walnüsse und Rosinen können dann weggelassen werden. Mit Staubzucker und Erdbeermarmelade servieren.

Anmerkung: Bananenschmarren ist sehr beliebt bei unseren Kindern, wenn sie nach einem ganzen Nachmittag Schlittenfahren aus der Kälte ins Haus kommen.

Leona Lehner, Gernlandweg 63, 4060 Leonding

Topfenknödel mit Fruchtsoße oder Erdbeersoße

Topfenknödel:	
1/4 kg	Topfen (10 % Fett)
4 dag	Butter
18,5 dag	glattes Mehl
1	Ei
1	Prise Salz
	etwas Vanillezucker

Butterbrösel:	
12 dag	Butter
15 dag	Semmelbrösel
2 EL	Kristallzucker

Fruchtsoße:	
1/4 kg	Beerengemisch
15 dag	Erdbeeren, tiefgekühlt
10 dag	Gelier- oder Staubzucker
	Zitronensaft

Erdbeersoße:	
1/2 kg	Erdbeeren
15 dag	Staubzucker
	Saft von 1/2 Zitrone
2 EL	Orangenlikör (Cointreau)

Topfenknödel:
- Aus obigen Zutaten einen Teig bereiten und zu einer Rolle formen.
- Im Kühlschrank ca. 20 Min. zugedeckt rasten lassen.
- Aus dem Topfenteig kleine Knödel formen,
- in leicht kochendes Salzwasser einlegen und auf kleiner Flamme etwa 12 Min. köcheln lassen.
- Aus dem Wasser heben, in einem Sieb abtropfen lassen;
- danach in heißen Butterbröseln wälzen.

Butterbrösel:
- Butter in einer Pfanne erhitzen,
- Semmelbrösel und Zucker in der Butter goldbraun rösten.

Fruchtsoße:
- Die Erdbeeren mit dem Zucker einmal aufkochen und durch ein feines Sieb streichen.
- Die Beerenmischung beifügen und erhitzen.
- Mit Zitronensaft abschmecken und die Fruchtsoße warmstellen.

Erdbeersoße:
- Erdbeeren waschen, trockentupfen und feinst pürieren.
- Erdbeeren mit Staubzucker und Zitronensaft einmal aufkochen lassen und mit Orangenlikör abschmecken.

Elfriede Hartl, Schaunburgstraße 14, 4070 Eferding

Gekochter Gewürzpudding

12 dag	Butter
12 dag	Staubzucker
4	Dotter
4	Klar
2	Rippen geriebene Schokolade
7 dag	Brösel
2	Stamperln Rum
10 dag	Mandeln
	etwas Salz
	Nelkenpulver
	Zimt
	Zitronensaft
Weinchaudeau:	
1/4 l	Weißwein
12 dag	Zucker
2	Dotter
1	Ei

- Butter und Zucker schaumig rühren,
- Dotter einrühren, Schokolade, Brösel, Mandeln, Rum, Salz, Nelken, Zimt und Zitronensaft locker einmengen.
- Zuletzt den steifen Schnee unterheben.
- Puddingform gut befetten und mit Bröseln ausstreuen, Masse einfüllen,
- 1 Std. im Wasserbad kochen.
- Stürzen und sofort mit Weinchaudeau verzieren.

Weinchaudeau:
- Die Zutaten über Wasserdampf dickschaumig schlagen.
- Eventuell mit Obers verzieren.

Christa Hofreiter, Schöferhof 14, 4293 Gutau

Topfennockerln (gedünstet)

10 dag	Butter
1/8 l	Rahm
20 dag	Topfen
20 dag	Mehl
1 KL	Backpulver
	Salz
1/8 l	Schlagobers oder Milch
3 dag	Butter

- Butter flaumig schlagen und Dotter einrühren,
- die Masse gut mit dem Rahm verrühren.
- Abwechselnd Topfen und das mit Backpulver vermischte Mehl darunterrühren, zum Schluß den sehr steifen Schnee unterheben.
- In einer Bratpfanne Butter mit leicht gesalzenem Obers (Milch) heiß werden lassen,
- mit einem Eßlöffel Nockerln ausstechen, nebeneinander in das Obers (Milch) setzen und goldgelb backen.
- Dazu Kompott servieren.

Roswitha Mayr, Pergernstraße 14, 4400 Steyr

Reisauflauf mit
Schneehaube (Klarverwertung)

15 dag	Reis
1/2 l	Milch
8 dag	Butter
7 dag	Zucker
1 P.	Vanillezucker
	etwas Salz
3	Dotter
3	Klar
	Rosinen nach Belieben
5 dag	Kochschokolade
	Marmelade
4	Klar
4 dag	Kristallzucker
	Butter und geriebene Nüsse für die Form

- Den Reis verlesen und in schwach gesalzenem Wasser aufkochen,
- dann abseihen und überkühlen.
- In der Milch den Reis mit 3 g Butter langsam weichkochen, ausdünsten und kalt stellen.
- Restliche Butter, Dotter und Zucker flaumig rühren,
- mit dem überkühlten Reis, den in Rum eingeweichten Rosinen sowie dem steifgeschlagenen Schnee von 3 Eiweiß vermengen.
- Schokolade erweichen und unter die Hälfte der Auflaufmasse ziehen.
- In eine gebutterte und mit geriebenen Nüssen ausgestreute Auflaufform erst die dunkle, dann die helle Masse füllen,
- ca. 30 Min. bei 180° backen,
- dann mit Marmelade bestreichen und die Schneehaube aus 4 Eiweiß und 4 dag Kristallzucker auftragen.
- Nochmals kurz ins heiße Rohr stellen, bis der Schnee goldgelb ist.

Christine Gasserbauer, Brunnenweg 3, 4694 Ohlsdorf

Topfennockerln

25 dag	Topfen
1	Ei
3 EL	Grieß
2 EL	Zucker
2 EL	Semmelbrösel
1 EL	Öl
1	Prise Salz

- Alle Zutaten zu einem weichen Teig verarbeiten (mit dem Mixer).
- Mit zwei Suppenlöffeln Nockerln formen
- und in schwach kochendem Wasser ca. 15 Min. kochen.
- Inzwischen Brösel in Margarine oder Butter bräunen.
- Die heißen Nockerln darin wälzen und mit Staubzucker bestreuen.
- Dazu schmeckt am besten Erdbeermus oder Powidl.

Agnes Schlotter, Weinberg 7, 4864 Attersee

Schokolade-Nußpudding

20 dag	Nüsse
20 dag	Schokolade
20 dag	Brösel
20 dag	Butter
20 dag	Zucker
8	Dotter
8	Klar
	Fett und Zucker oder Brösel für die Form
Schokoladesoße:	
10 dag	Schokolade
10 dag	Zucker
1,5 dag	Maizena
1 dag	Butter
1/4 l	Wasser

- Puddingform gut befetten und mit Kristallzucker ausstauben,
- Nüsse und Schokolade reiben,
- mit den Bröseln vermengen.
- Klar zu steifem Schnee schlagen und mit 1/3 der Zuckermenge fest ausschlagen.
- In den aus Butter, Dotter und dem restlichen Zucker hergestellten Abtrieb die Nuß-Schokolade-Brösel-Mischung rühren und den Schnee einheben.
- Die Masse in die vorbereitete Puddingform füllen.
- Form fest verschließen und in einen Topf stellen, in den man so viel Wasser gießt, daß die Form zu zwei Drittel im Wasser steht.
- Wassertopf zugedeckt auf die Kochplatte stellen und ca. 2 Std. kochen.
- Den fertiggekochten Pudding vorsichtig stürzen und in Stücke schneiden.
- Mit Obers und Schokoladesoße servieren.

Schokoladesoße:
- Alle Zutaten verrühren, solange kochen, bis die Masse dicklich wird.

Anmerkung: Die halbe Rezeptmenge ergibt einen kleineren Pudding, der in 1 Std. gar ist.

Gertrud Krifter, Dorf 131, 3352 St. Peter/Au

Mostpudding mit Glühmost

6	Eier
12 dag	Kristallzucker
6 dag	Butter
8 dag	Semmelbrösel
7 dag	glattes Mehl
1 l	Most
1/4 l	Wasser
	Salz
	Butter
	Zimtrinde
	Nelken
	Zucker

- Backrohr auf 180° vorheizen.
- Eier in Dotter und Klar trennen.
- Zimmerwarme Butter mit einer Prise Salz und der Hälfte vom Zucker cremig aufrühren.
- Dotter nach und nach einrühren.
- Brösel und Mehl vermischen.
- Klar mit restlichem Zucker zu cremigem Schnee schlagen.
- Schnee und Mehl nacheinander behutsam unter die Dottermasse heben.
- Eine Form mit Butter ausstreichen, Masse einfüllen und gleichmäßig verstreichen.
- Form ins vorgeheizte Rohr (mittlere Schiene) schieben und 30 bis 40 Min. backen.
- Pudding aus dem Rohr nehmen und auskühlen lassen.
- Inzwischen Most, Wasser, ein Stück Zimtrinde, Nelken und Zucker nach Geschmack aufkochen. Glühmost ein wenig abkühlen lassen.
- Pudding mit Glühmost tränken (so lange, bis er keine Flüssigkeit mehr aufnimmt; evtl. den Pudding in eine nur knapp größere Form stürzen, so viel Glühmost zugießen, daß er bedeckt ist, und ca. 2 Std. marinieren lassen).
- Pudding behutsam aus der Form heben, in Scheiben schneiden und mit dem restlichen Most auf Tellern anrichten.
- Als Garnitur passen Birnen- und Apfelstücke, die man zuvor kurz in Glühmost pochiert.

Anmerkung: Dieser Pudding ist eigentlich ein Gugelhupf!

Maria Dienstl, Hintere Zeile 70, 4190 Bad Leonfelden

Zwetschkenstrudel mit Zimtsoße

Strudelteig:

36 dag	Weizenmehl
ca. 1/8 l	lauwarmes Wasser
6 dag	Öl
1	Prise Salz

Fülle:

5 dag	Butter
10 dag	Semmelbrösel
ca. 1,5 kg	Zwetschken
10 dag	Zucker
1 KL	Zimt
3 EL	Rum
	zerlassene Butter zum Bestreichen

Zimtsoße:

1/2 l	Milch
2–3	Zimtstangen
2	Eigelb
2 dag	Maizena
11 dag	Zucker
1 KL	Zimt, gemahlen
1/8 l	Schlagobers

Strudelteig:
- Zubereitung siehe Kokosstrudel

Fülle:
- Zwetschken entkernen, mit Rum marinieren.
- Butter zergehen lassen, die Brösel darin knusprig rösten, Zucker und Zimt zugeben.
- Den Strudelteig möglichst dünn ausziehen, mit den Bröseln bestreuen,
- mit Zwetschken belegen, einrollen und auf ein Blech legen.
- Nochmals mit zerlassener Butter bestreichen und bei 200° backen.
- Für die Zimtsoße 2/3 der Milch mit Zimtrinde und Zucker aufkochen.
- 1/3 der Milch mit Eigelb und Maizena gut verrühren.
- Die Zimtrinde herausnehmen und gemahlenen Zimt zugeben.
- Das Milch-Eier-Gemisch rasch unterrühren und einige Minuten kochen lassen.
- Zuletzt 1/8 l geschlagenes Obers unter die Soße heben, die entweder warm oder auch kalt zum Strudel serviert wird.

Edith Schützenberger, 4280 Königswiesen 40

Kokos-Strudel

20 dag	glattes Mehl
1 EL	Essig
1	Prise Salz
1 EL	Öl
1	Dotter
5	Eier
13 dag	Zucker
1 P.	Vanillezucker
	geriebene Schale von 1/2 Zitrone
20 dag	ungeschälte, geriebene Mandeln
7 dag	glattes Mehl
13 dag	Kokosette
7 dag	Butter
	handwarmes Wasser
	Fett für das Backblech
	Ei zum Bestreichen
	Kokosette zum Bestreuen

- Mehl sieben und mit Essig, Salz und Öl sowie handwarmem Wasser nach Bedarf zu einem glatten, weichen Strudelteig verarbeiten.
- Den Teig solange abschlagen, bis er seidig glänzt und Blasen wirft.
- Sodann zu einer Kugel formen,
- mit Öl bepinseln und auf einen mit Öl bestrichenen Teller legen.
- 1/2 Std. lang rasten lassen.
- Während der Teig rastet, werden 6 Dotter mit 1/3 des Zuckers, dem Vanillezucker und der Zitronenschale schaumig gerührt.
- Die Klar mit dem restlichen Zucker zu steifem Schnee schlagen;
- zusammen mit den geriebenen Mandeln und dem Kokosette unter die Dottermasse heben,
- Teig auf einem bemehlten Tuch dünn ausziehen, die dicken Ränder wegschneiden,
- mit zerlassener Butter beträufeln,
- die Fülle aufstreichen und den Teig mit Hilfe des Tuches einrollen,
- die Enden andrücken und den Strudel mit dem Teigschluß nach unten auf ein gefettetes Blech legen.
- Mit verschlagenem Ei bestreichen, mit Kokosette bestreuen.
- Den Strudel im vorgeheizten Backrohr bei 200° ca. 40 Min. lang backen (Nadelprobe machen) und auf dem Blech erkalten lassen.
- Eventuell mit Staubzucker bestäuben.

Anmerkung: Ein herrlicher Jausenkuchen mit besonderem Aroma!

Christine Swoboda, Edisonstraße 20, 4020 Linz

Kirschenschlangel oder Traubenschlangel

40 dag	*griffiges Mehl*
20 dag	*Butter*
1	*Dotter*
3/16 l	*Rahm*
	Salz
80 dag	*Kirschen (evtl. ent- kernt) oder Wein- trauben, halbiert und entkernt bzw. die kleinen, kern- losen Trauben ganz*
5 dag	*Butter*
7 dag	*Brösel*
7 dag	*Zucker*
1 P.	*Vanillezucker*
	Zimt

- Mehl, Butter, Dotter, Rahm und Salz rasch zu einem Teig verkneten und mindestens 10 Min. kühl rasten lassen,
- dann walkt man 2 längliche Flecke dünn aus,
- bestreut sie mit den gerösteten, mit Zucker und Gewürzen vermischten Bröseln (oben und unten einen Streifen frei lassen),
- belegt mit den Kirschen (oder Weintrauben) und schlägt den Teig von oben und unten her zu einem Schlangel zusammen.
- Auf ein Backblech legen,
- mit versprudeltem Ei bestreichen,
- bei mittlerer Hitze im vorgeheizten Rohr 35–40 Min. zu schöner Farbe backen.
- Etwas überkühlt anzuckern und in Stücke schneiden.

Anmerkung: Schmeckt auch als Apfelschlangel sehr gut.

Rosa Platzer, Weberstraße 20 A, 4560 Kirchdorf

Heidelbeerstrudel

Strudelteig:	
25 dag	*glattes Mehl*
2 dag	*Öl*
2 g	*Salz*
1	*Ei*
ca. 1/8 l	*lauwarmes Wasser*
Fülle:	
60 dag	*Heidelbeeren*
15 dag	*Zucker*
	etwas Zimt
20 dag	*Brösel*
15 dag	*Butter*
10 dag	*Mandeln*

Strudelteig:
- siehe Kokosstrudel
Fülle:
- Die Brösel in der Butter hellbraun rösten.
- Den Strudelteig möglichst dünn ausziehen und mit flüssiger Butter bestreichen,
- zu 2/3 mit gerösteten Bröseln bestreuen,
- Heidelbeeren darauf verteilen,
- dann mit Zimtzucker und Mandeln bestreuen,
- einrollen.
- Auf gebuttertem Blech ca. 20 Min. backen.

Romana Schützenberger, 4280 Königswiesen 155

Marillen-Topfenstrudel

Strudelteig:

20 dag	glattes Mehl
	Salz
4 EL	Öl
1/8 l	lauwarmes Wasser

Fülle:

10 dag	Butter
8 dag	Zucker
3	Eier
30 dag	Topfen
1/8 l	Rahm
1/2 kg	entkernte, kleinge-schnittene Marillen
	etwas lauwarme Milch

- Mehl, Öl und Wasser gut abschlagen, bis der Teig Blasen wirft,
- zugedeckt ca. 20 Min. rasten lassen.
- Butter, Zucker, Dotter, Topfen und Rahm flaumig rühren,
- Schnee von drei Klar unterheben.
- Strudelteig auf einem mit Mehl bestreuten Tuch dünn ausziehen. Die Ränder wegschneiden.
- Darauf die Topfenfülle streichen,
- mit den zerkleinerten Marillen belegen und den Strudel einrollen.
- In eine befettete Kastenform legen und bei 200° etwa eine halbe Stunde backen.
- Mit etwas lauwarmer Milch übergießen.

Inge Maureder, Alleiterweg 37, 4030 Linz

Erdbeerknödel aus Brandteig

3/8 l	gewässerte Milch
	Salz
3 dag	Butter
25 dag	Weizenmehl
1	Ei
	schöne Erdbeeren
6 dag	Butter
8–10 dag	Brösel
1 EL	Staubzucker

- Gewässerte Milch mit Butter und Salz aufkochen,
- Mehl beifügen und so lange kochen, bis sich die Masse ballt und von Geschirr und Löffel löst.
- In den noch warmen Teig 1 Ei rühren und ihn auf ein schwach bestaubtes Brett stürzen und kurz durchkneten.
- Daumendicke Schlange wälzen, in kleine Teilchen schneiden,
- flach auseinanderdrücken, gerade so groß, daß in jeden Teigfleck eine Erdbeere eingehüllt werden kann.
- Die Knödel in leicht gesalzenes, kochendes Wasser einlegen und 8–10 Min. ziehen lassen.
- Brösel in Butter anrösten,
- zuckern,
- Erdbeerknödel einlegen und fest durchrütteln.
- Überzuckert auftragen.

Roswitha Nagele, Lustenauerstraße 13, 4020 Linz

Strudelsäckchen in Mostcreme

Teig:

50 dag	*Weizenmehl*
1/4 l	*lauwarmes Wasser*
1 KL	*Salz*
4 EL	*Öl*

Zum Bestreichen:

3	*Dotter*
8 dag	*Butter*

Fülle:

1 1/2 kg	*Äpfel*
	Zitronensaft
15 dag	*Nüsse*
	Rum
	Zimt
	Zucker

Creme:

1/4 l	*Süßmost oder Apfelsaft*
1/16 l	*Obers*
2	*Dotter*
3 dag	*Zucker*
1 KL	*Vanille-Puddingpulver*

- Aus Mehl, Wasser, Salz und Öl einen Strudelteig zubereiten.
- Den Teig zu einer Kugel formen, die Oberfläche mit Öl bestreichen (darf nicht austrocknen),
- 1/2 Stunde rasten lassen.
- Den Teig ausziehen und antrocknen lassen,
- ihn in Quadrate schneiden (15 x 15 cm) und auf ein bemehltes Tuch legen.
- Zerlassene Butter und Dotter gut vermischen und damit den Teig bestreichen.
- Für die Fülle Äpfel hobeln,
- mit Zitronensaft und Geschmackszutaten vermischen.
- 20 Min. ziehen lassen.
- Die gehackten Nüsse und die Apfelfülle in die Mitte der Teigquadrate setzen, Ecken hochbiegen und Säckchen formen.
- Auf befettetem Blech bei 190° 10 Min. backen.

Mostcreme:
- 2/3 Most mit Zucker und Obers aufkochen lassen,
- restlichen Süßmost mit Puddingpulver und Dotter gut verrühren,
- in die kochende Flüssigkeit einrühren und kochen, bis sich die Creme bindet.

Annemarie Redl, Neuhof 3, 4331 Naarn

Nußnudeln mit Zwetschkenröster

1/2 kg	*mehlige Kartoffeln*
5 dag	*Butter*
20 dag	*glattes Mehl*
3 dag	*Grieß*
2	*Dotter*
	etwas Salz

Nußbrösel:

12 dag	*Butter*
8 dag	*geriebene Nüsse*
8 dag	*Brösel*
2 EL	*Kristallzucker*

Zwetschkenröster:

50 dag	*Zwetschken*
12 dag	*Kristallzucker*
1/8 l	*Wasser*
	etwas Zimtrinde
4	*Nelken*
	Schale und Saft von 1/2 Zitrone
2 EL	*Schlagobers*

- Kartoffeln kochen, schälen und noch heiß durch die Kartoffelpresse auf ein bemehltes Nudelbrett drücken.
- In der Mitte eine Mulde eindrücken und Butter, Mehl, Dotter, Grieß und Salz hineingeben.
- Alles zu einem glatten Teig verarbeiten.
- Sollte der Teig zu weich sein, noch etwas Mehl einarbeiten.
- Aus dem Teig eine Rolle formen, fingerdicke Scheiben abschneiden und zu Nudeln rollen.
- Die Nudeln in leicht kochendem Salzwasser kochen,
- mit einem Siebschöpfer herausnehmen und gut abtropfen lassen.
- In Nußbröseln wälzen.

Nußbrösel:
- Butter in einer Pfanne bis zum Aufschäumen erhitzen,
- Nüsse und Brösel dazugeben,
- hellbraun rösten und mit Zucker verrühren.

Zwetschkenröster:
- Zwetschken waschen und entkernen.
- In einem Gefäß Wasser und Gewürze aufkochen,
- die Zwetschken beifügen,
- mit Zucker überstreuen und unter ständigem Rühren weichkochen.
- Vor dem Servieren das Obers einrühren (vielleicht etwas nachsüßen).

Elfriede Hartl, Schaunburgerstraße 14, 4070 Eferding

Hirse-Auflauf mit Früchten

3/4 l	*Milch*
20 dag	*Hirse*
8–10 dag	*Butter*
3–5 EL	*Honig oder Ahornsirup*
	abgeriebene Schale von einer 1/2 Zitrone
8 dag	*gehackte Mandeln oder Haselnüsse*
3	*Eier*
1/2 kg	*Obst der Jahreszeit oder*
25 dag	*Trockenfrüchte, in 1/2 l Wasser eingeweicht*
1/2 KL	*Meersalz*
	Vollkornbrösel
	Butter

- Hirse und Salz in die kochende Milch geben und auf kleiner Flamme in etwa 30 Min. ausquellen lassen.
- Butter, Honig und Dotter flaumig rühren,
- Zitronenschale, Mandeln und den erkalteten Hirsebrei zugeben.
- Zuletzt den Eischnee unterheben.
- Die Hälfte der Masse in eine gefettete Auflaufform füllen,
- darauf das Obst schichten, mit etwas Zimt bestreuen,
- dann die restliche Masse zugeben.
- Butterflöckchen aufsetzen, mit Vollkornbröseln bestreuen und bei 200° ca. 45 Min. backen.

Anmerkung: Wer Butter sparen will, nimmt 5 dag Butter und 12 dag Topfen (10 % Fett).

Roswitha Mayr, Pergernstraße 14, 4400 Steyr

Überbackenes Obst

ca. 1 kg	*Obst nach Geschmack*
Creme zum Überbacken:	
1/4 kg	*Topfen*
1/4 l	*Schlagobers*
1	*Prise Safran*
10 dag	*Staubzucker*
2 EL	*Grand Marnier*
3	*Dotter*

- Topfen mit Grand Marnier und Safran vermengen.
- 2 Stunden stehen lassen, damit der Safran sein Aroma entfaltet.
- Obst in kleine Stücke schneiden.
- Eine feuerfeste Form mit Butter ausstreichen, „Obstsalat" einfüllen.
- Backrohr auf 200° vorheizen.
- Dotter mit Zucker schaumig schlagen.
- Geschlagenes Obers, Topfen und Dottermasse vorsichtig verrühren, auf dem Obst verteilen.
- Ca. 15 Min überbacken.
- Die Früchte sollen lauwarm, die Haube heiß sein.

Elfi Aigner, 4943 Geinberg 121

Ungenacher Äpfel mit Schneehaube

6	*große Äpfel*
	Saft von 1 Zitrone
8 EL	*Preiselbeeren*
4 cl	*Rum*
1 EL	*Butter*
3	*Klar*
1 EL	*Zucker*

- Äpfel waschen, abtrocknen und einen Deckel abschneiden;
- das Kerngehäuse ausstechen.
- Die Äpfel mit Zitronensaft beträufeln.
- Preiselbeeren mit Rum verrühren und in die Äpfel füllen.
- Eine feuerfeste Form mit Butter ausstreichen, die Äpfel hineinstellen.
- Im vorgeheizten Backrohr bei 200° 20 Min. garen.
- Klar sehr steif schlagen,
- nach und nach Zucker einrieseln lassen.
- Mit einem Löffel eine Klarhaube auf die Äpfel setzen und
- bei 200° 1–2 Min. weiterbacken, bis die Spitzen leicht anbräunen.

Kathi Hauser, 4841 Ungenach 24

Gebackene Hollerblüten

20 dag	*Mehl*
1	*Dotter*
2	*Eier*
1	*Prise Salz*
10 dag	*Zucker*
1/2 l	*Milch*
1	*Becher Ceres-Backfett*
	Hollerblüten
	Staubzucker zum Bestreuen

- Zutaten mit dem Quirl zu einem dünnen Teig verrühren.
- Die Hollerblüten waschen, abtrocknen und dann, am Stengel haltend, in den dünnen Omelettenteig tauchen, im heißen Fett schwimmend backen,
- eine Seite anbacken, mit Schere Stengel abschneiden, umdrehen und fertig backen. Wichtig: schwimmend backen!

Renate Moser, Eichendorffstraße 12, 4020 Linz

Marillenspalten

Weinbackteig:	
36 dag	Mehl
3/8 l	Wein
5 dag	Öl
3	Eier
5 dag	Zucker
1	Prise Salz
Früchte:	
1 kg	Marillen
	Staubzucker
	Fett zum Ausbacken

Weinbackteig:
- Mehl, Wein, Öl, Dotter und Salz kurz zu einem glatten Teig mischen.
- Unmittelbar vor der Verwendung des Teiges den Schnee, mit Zucker gut ausgeschlagen, vorsichtig unter den Teig ziehen.

Früchte:
- Geschälte Marillen (Marillen kurze Zeit in kochendes Wasser tauchen, gleich in kaltes Wasser legen und die Haut abziehen) in Hälften teilen und Kerne entfernen.
- Die Früchte in Weinteig tauchen,
- in heißem Fett goldgelb backen und gut abtropfen lassen.
- Reichlich anzuckern.

Andrea Kloibhofer, Roitham 1, 4612 Scharten

Heidelbeeromelette

18 dag	Mehl
2 dl	Milch
7	Dotter
7 dag	Zucker
1	Prise Salz
7	Klar
1/2 P.	Vanillezucker
5 dag	Butter
4 dag	Rosinen
7 dag	Zucker
25 dag	Heidelbeeren
1/4 l	Joghurt
	Butter für die Pfanne

- Mehl, Milch, Dotter, Zucker und Salz verrühren.
- Klar und Vanillezucker zu Schnee schlagen und unter die Masse ziehen.
- Butter in einer großen oder mehreren Pfannen erhitzen, den Teig eingießen und Heidelbeeren darüberstreuen.
- Anschließend im vorgeheizten Rohr bei 220° 12 Min. backen.
- Die noch heißen Omeletten auf einem Teller zusammengeklappt anrichten und mit Joghurt und Heidelbeeren verzieren.
- Heidelbeeromelette aus 1 großen Pfanne in Stücke teilen und anrichten.

Maria Obermüller, Rennersdorf 3, 4083 Haibach

Apfel-Pfirsichkompott

4 Portionen	
50 dag	feste, säuerliche Äpfel
3	reife Pfirsiche
	Gewürznelken
	Zimtrinde
15 dag	Rohzucker
	Zitronensaft
1/8 l	Weißwein
1/4 l	Wasser
Zum Verbessern:	
	Rum oder Apfelbrand

- Obst waschen, Äpfel schälen,
- Äpfel und Pfirsiche in Spalten schneiden und entkernen.
- Wein, Wasser, Gewürze und Zucker aufkochen lassen,
- Apfel- und Pfirsichspalten beifügen und bei schwacher Hitze köcheln lassen.
- Das ausgekühlte Kompott mit etwas Rum oder Apfelbrand verfeinern.

Elfriede Hartl, Schaunburgerstraße 14, 4070 Eferding

Gefüllte Äpfel mit Creme

6 Portionen	
6	Äpfel
3 EL	Zitronensaft
1/4 l	Weißwein
1/8 l	Wasser
2–4 EL	Kristallzucker
12,5 dag	Ribiselmarmelade
1 EL	Rum
3 dag	Mandelblättchen oder -stiftel
Creme:	
3	Dotter
6–8 dag	Staubzucker
1 P.	Vanillezucker
	Rum
1/4 l	Schlagobers

- Die Äpfel schälen, mit dem Kernausstecher entkernen und sofort mit Zitronensaft beträufeln,
- in Wein und Wasser mit Zucker weichkochen (die Äpfel sollen nicht zerfallen),
- die Äpfel in Glasschüsserln geben,
- mit Marmelade füllen,
- kalt stellen.

Creme:
- Dotter, Staubzucker, Vanillezucker und Rum über Dunst schaumig schlagen,
- kalt schlagen und das geschlagene Schlagobers unterziehen.
- Die Äpfel mit Rum beträufeln,
- die Creme darübergeben und mit Mandeln bestreuen.

Anmerkung: Vor dem Servieren gut kühlen!

Maria Obermüller, Rennersdorf 3, 4083 Haibach

Götterspeise

10 Portionen	
Biskuit:	
6	*Eier*
20 dag	*Staubzucker*
20 dag	*Mehl*
1	*unbehandelte Zitrone*
Für das Blech:	
	Margarine und Mehl oder Backpapier
Zum Bestreichen:	
20 dag	*Marillenmarmelade*
Creme:	
4	*Eier*
6 EL	*Milch*
10 Stk.	*Würfelzucker*
3/8 l	*Schlagobers*
Zum Tunken:	
1/2 l	*Milch*
1	*kräftiger Schuß Rum*
	etwas Zucker

Biskuit:
- Eier und Zucker schaumig rühren,
- Zitronenschale und Mehl unterheben,
- die Masse 1 cm dick auf das befettete und bemehlte Blech streichen,
- bei 190° kurz backen,
- auskühlen lassen,
- in gleichmäßige Schnitten schneiden,
- mit Marillenmarmelade zusammensetzen,
- in die Milch tauchen und auf die Teller setzen,
- die Creme darüberspritzen oder -streichen,
- mit Schlagobers verzieren.

Creme:
- Eier, Milch und Würfelzucker über Dunst zu einer schaumigen Creme schlagen,
- kalt schlagen und Schlagobers unterziehen.

Sieglinde Schmid, Knollgutstraße 43, 4030 Linz

Orangenkompott

4 Portionen	
4	*Orangen mit unbehandelter Schale*
1/8 l	*Weißwein*
20 dag	*Zucker*

- Orangen schälen,
- in Scheiben schneiden,
- in eine Schüssel legen.
- Inzwischen den Weißwein mit dem Zucker und ein paar Orangenschalen aufkochen,
- die Orangen damit übergießen.

Christine Beneder, Traunleiten 23, 4050 Traun

Buttermilch-Ring

4 Portionen

1/2 l	*Buttermilch*
6 EL	*Schlagobers*
	Saft und abgeriebene Schale von 1/2 Naturzitrone
5 EL	*Zucker*
1	*Prise Salz*
7 Bl.	*rote Gelatine*

Für die Form:

1 EL	*Öl*

Garnitur:

1/4 l	*Schlagobers*
	etwas Staubzucker
25 dag	*frische oder tiefgekühlte Erdbeeren*

- Buttermilch mit Schlagobers schaumig schlagen,
- Zitronensaft und abgeriebene Schale, Zucker und Salz dazugeben,
- die in kaltem Wasser eingeweichte Gelatine ausdrücken,
- heiß auflösen,
- leicht ausgekühlt in die Buttermilchmasse einrühren.
- Creme in eine leicht mit Öl eingefettete Ringform füllen,
- im Kühlschrank erstarren lassen.
- Auf eine gekühlte Glasplatte stürzen,
- mit geschlagenem, leicht gezuckertem Schlagobers und Erdbeeren garnieren.

Anmerkung: Eine köstliche, erfrischende Nachspeise für heiße Tage – Vorbereitung ca. 20 Minuten und Zubereitung ca. 30 Minuten.

Rosi Heinzl, Unionstraße 149, 4020 Linz

Sommerfrüchte-Salat

10 Portionen

50 dag	*Pfirsiche*
50 dag	*Marillen*
25 dag	*Himbeeren*
25 dag	*Erdbeeren*
50 dag	*Brombeeren*
25 dag	*Birnen*
30 dag	*säuerliche Äpfel*
5 EL	*Rosinen*

Soße:

1/2 l	*Schlagobers*
2 EL	*Zucker*
1 EL	*Zitronensaft*

- Pfirsiche und Marillen kurz in heißes Wasser tauchen,
- die Haut abziehen, Kerne entfernen und in Spalten schneiden,
- die Beeren sorgfältig waschen,
- die Birnen und Äpfel schälen, das Kerngehäuse entfernen und in Spalten schneiden.
- Alle Früchte in einer großen Schüssel anrichten und die Rosinen darüberstreuen.
- Die Zutaten für die Soße gut vermischen und in einer Schüssel extra dazu servieren.

Amalia Asen, Gegend 52, 4894 Oberhofen

Orangen-Marzipancreme

6 Portionen

8 Bl.	*Gelatine*
12,5 dag	*Marzinpanrohmasse*
4	*Eier*
10 dag	*Staubzucker*
1 P.	*Vanillezucker*
3/8 l	*frisch gepreßter Orangensaft*
1/4 l	*Schlagobers*

Garnitur:

1	*Orange*
6	*Cocktailkirschen*
	Zitronenmelisse

- Gelatine in kaltem Wasser einweichen,
- Marzipan würfeln,
- Eier trennen.
- Die Dotter mit Zucker und Vanillezucker über Dunst schaumig schlagen,
- Marzipanwürfel darunterschlagen und Orangensaft unterrühren.
- Gelatine ausdrücken, auflösen und unter die Creme heben,
- kalt stellen, bis sie fest zu werden beginnt.
- Schlagobers und Klar getrennt steif schlagen,
- zuerst das Schlagobers, dann den Schnee unter die Creme ziehen,
- die Creme kalt stellen,
- vor dem Servieren mit Orangenfilets, Kirschen und Melisse verzieren.

Klara Preinfalk, Freudenstein 13, 4101 Feldkirchen

Himbeerkaltschale

6 Portionen

1/2 l	*Rotwein*
7 dag	*Kristallzucker*
1 P.	*Vanillezucker*
2 EL	*Maizena*
3	*Dotter*
25 dag	*Himbeeren (frisch oder tiefgekühlt)*
1/8 l	*Schlagobers*

- Wein mit dem Zucker und dem Vanillezucker erhitzen, nicht kochen lassen,
- vom Feuer nehmen und das mit 2 EL Wasser verrührte Maizena zum Wein gießen,
- unter ständigem Rühren kurz aufkochen lassen.
- Dotter über Dunst schaumig schlagen,
- die überkühlte Rotweinmischung nach und nach unterschlagen.
- Zum Schluß die Himbeeren dazugeben (einige Himbeeren als Garnierung zurückbehalten).
- Vor dem Servieren mit Schlagobers und Himbeeren verzieren.

Greti Renner, Andreas-Hofer-Straße 4, 4800 Wankham

Walnußparfait

4 Portionen	
2	Eier
8 dag	Zucker
1/4 l	Schlagobers
10 dag	Walnüsse
Garnitur:	
25 dag	Himbeeren
3 EL	Staubzucker
2 cl	Himbeergeist
1/8 l	Schlagobers
	etwas gehackte Nüsse

- Walnüsse hacken und ohne Fett rösten (linden),
- Eier mit Zucker über Dunst warm aufschlagen,
- dann vom Herd nehmen und kalt schlagen,
- das Schlagobers schlagen und unter die Schaummasse heben,
- Nüsse unterziehen,
- die Masse in eine Form füllen, gut verschließen und ca. 3–4 Std. einfrieren.
- Die Form in heißes Wasser tauchen, stürzen,
- das Parfait schneiden und mit Nüssen, Schlagobers und Sauce servieren.

Himbeersoße:
- Himbeeren, Zucker und etwas Himbeergeist erwärmen (nicht zu lange, damit die Früchte noch ganz bleiben).

Anmerkung: Besonders gut schmeckt eine Weichselsoße, die genauso wie die Himbeersoße zubereitet wird. Man verwendet statt Himbeergeist Rum. Die Weichseln vorher entsteinen. Auch eine Heidelbeer- oder Brombeersoße schmeckt köstlich.

Annegret Remtisch, Ramingdorf 72, 4431 Haidershofen

Erdbeeren mit Rhabarberkompott

6 Portionen	
50 dag	Rhabarber
6 EL	Orangensaft
5 dag	Staubzucker
2 KL	Orangenschale
50 dag	Erdbeeren
4 EL	Fruchtlikör (Kirsch- oder Erdbeerlikör)
1/4 l	Schlagobers

- Rhabarber schälen und in Stücke schneiden,
- mit Orangensaft und Staubzucker weichkochen,
- danach die Orangenschalen dazugeben und alles gut abkühlen lassen.
- Erdbeeren waschen, putzen und klein schneiden,
- mit Fruchtlikör marinieren,
- gut durchziehen lassen,
- Erdbeeren mit Rhabarberkompott vermischen,
- das geschlagene Schlagobers dazu reichen.

Irma Feischl, Annaberg 7/2, 4710 Grieskirchen

Erdbeeren in Weingelee

4 Portionen	
1/4 l	Weißwein
8 Bl.	Gelatine
12,5 dag	Kristallzucker
1 P.	Vanillezucker
1	Zitrone
25 dag	Erdbeeren
1/4 l	Schlagobers
1 EL	Staubzucker

- Den Weißwein erhitzen,
- die zuvor in kaltem Wasser eingeweichte und gut ausgedrückte Gelatine sowie Zucker und Vanillezucker darin auflösen,
- Zitronensaft dazugeben und überkühlen lassen.
- Die etwas zerteilten Erdbeeren in eine mit Wasser ausgespülte Schüssel geben und das noch nicht gestockte Weingelee darübergießen,
- im Kühlschrank erstarren lassen,
- das gestürzte Gelee mit gesüßtem, geschlagenem Schlagobers und einigen Erdbeeren garnieren.

Michaela Kaltenbrunner, Brunnenweg 1, 4522 Sierning

Englischer Schwips

6 Portionen	
21 dag	Würfelzucker
2	Orangen mit unbehandelter Schale
1	Naturzitrone
1/10 l	Weißwein
1 EL	Rum
4	Dotter
4	Klar
5 Bl.	Gelatine
Für die Form:	
2 EL	Öl
Garnitur:	
1/4 l	Schlagobers

- Den Würfelzucker an einer Orange und einer Zitrone abreiben,
- den Orangen- und Zitronensaft mit dem Weißwein und den Dottern über Wasserdampf sehr schaumig schlagen,
- im kalten Wasserbad kalt schlagen,
- den festen Schnee darunter heben,
- die eingeweichte, heiß aufgelöste Gelatine tropfenweise einrühren.
- In eine mit Öl ausgestrichene Glasschüssel füllen,
- im Kühlschrank stocken lassen.
- Mit Schlagobers verziert servieren.

Hilde Wödlinger, Auf der Wies 10, 4040 Linz

Muttis Rhabarbercreme

6 Portionen
50 dag Rhabarber
3 EL Staubzucker
4 Dotter
etwas Zimt
1/4 l Schlagobers

- Rhabarber schälen und in Stücke schneiden,
- ganz langsam weichdünsten (fast kein Wasser dazugeben),
- kalt werden lassen.
- Staubzucker mit etwas Zimt und den Dottern ganz langsam über Dunst schaumig schlagen,
- den erkalteten Rhabarber unterziehen,
- ganz zum Schluß das steif geschlagene Schlagobers vorsichtig unterheben,
- im Kühlschrank 2–3 Std. kühlen,
- in Glasschüsserln anrichten.

Helga Hahn, Scharitzerstraße 10, 4020 Linz

Pharisäer

6 Portionen
2 Dotter
1 P. Vanillezucker
5 dag Staubzucker
1 EL Rum
5 EL starker, kalter Mokka
1/4 l kalte Milch
1 KL Löskaffee
4 Bl. Gelatine
1/4 l Schlagobers
Garnitur:
1/8 l Schlagobers
etwas Kaffeelikör
etwas gemahlener Kaffee

- Die Dotter mit Vanillezucker, Zucker, Rum und dem Mokka über Dunst schaumig schlagen,
- kalt schlagen und mit Milch und Löskaffee vermengen.
- Aufgelöste Gelatine langsam einrühren,
- geschlagenes Schlagobers unterziehen,
- in Glasschalen portionieren,
- 1 Stunde gut kühlen.
- Vor dem Servieren mit Schlagobers, das mit Kaffeelikör aromatisiert wurde, verzieren,
- frisch gemahlenen Kaffee darüberstreuen.

Rosa Dötzlhofer, Ittensam 8, 4653 Eberstalzell

Triet

4 Portionen	
4	Scheiben gezuckerter Zwieback
1/4 l	Weißwein
2–4 EL	Kristallzucker (bei Bedarf)
	Zimtrinde
	Nelken
1/8 kg	Preiselbeer-marmelade

- Je eine Scheibe Zwieback auf einen Teller legen,
- Weißwein mit Zucker, Zimtrinde, Nelken und etwas Wasser aufkochen,
- heiß über die Zwiebackscheiben gießen, die dadurch sehr aufgehen.
- Jede Scheibe mit einem Löfferl Preiselbeermarmelade verzieren.

Grete Kurz, Ampfererstraße 1, 6020 Innsbruck

Saisonbecher

6 Portionen	
50 dag	Mascarino
30 dag	Früchte (Himbeeren, Heidelbeeren, Pfirsiche, Kirschen, Zwetschken)
6 dag	Staubzucker
	Biskotten nach Bedarf
1/16 l	Vermouth

- Früchte (je nach Art) kleinwürfelig schneiden,
- mit Vermouth beizen und in Becher geben.
- Aus Mascarino und Zucker eine Creme rühren,
- grob zerkleinerte Biskotten daruntermengen,
- Creme über die Früchte gießen.

Gerlinde Tiefenthaler, Unterstetten 13, 4715 Tollet

Erdbeer-Topfencreme

4 Portionen	
25 dag	Magertopfen
1/4 l	Schlagobers
25 dag	Erdbeeren
10–15 dag	Zucker
1	Zitrone
1 P.	Vanillezucker
2 cl	Rum (für Erwachsene)

- Alle Zutaten (ausgenommen Erdbeeren) mit dem Handmixer zu einer Creme aufschlagen,
- die Erdbeeren in kleine Stücke schneiden und unterheben,
- gekühlt servieren.

Maria Peyreder, Adolf-Schärf-Straße 7, 4040 Linz

Herrencreme

4 Portionen
10 dag Schokolade
1 Prise Salz
1 KL Löskaffee
1/2 l Milch
1/8 l Schlagobers
1 Stamperl Cognac
4 dag Stärkemehl
5 dag Zucker

- Die Schokolade mit etwas Wasser schmelzen,
- das Stärkemehl mit 4 Löffeln kalter Milch anrühren und beiseite stellen,
- die restliche Milch, Salz und Zucker zur Schokolade geben,
- erhitzen, das Stärkemehl einrühren,
- aufkochen lassen und den Löskaffee darunterrühren,
- überkühlen lassen.
- Zuletzt den Cognac und das geschlagene Schlagobers unterziehen.
- In Glasschalen anrichten und je nach Geschmack garnieren.

Elfie Schneider, Lieglstraße 6, 5280 Braunau/Inn

Blitzdessert

4 Portionen
ca. 24 Biskotten
1/2 l Apfelmus
4 EL Ribiselmarmelade
20 dag Vanilleeis

- Ein Glasschüsserl mit einer Reihe Biskotten auslegen und mit Apfelmus bestreichen,
- eine weitere Lage Biskotten darauflegen und wieder mit Apfelmus bestreichen,
- je nach Bedarf wiederholen,
- abschließend mit Ribiselmarmelade bestreichen und mit einer Kugel Vanilleeis garnieren.

Anmerkung: Statt Ribiseln und Eis schmeckt auch Erdbeerpüree und ein Schlagobersgupf, mit Schokoraspel bestreut.

Maria Lang, Mayganggasse 8, 4020 Linz

Joghurt-Mousse

4 Portionen	
2 B.	*Joghurt*
10 dag	*Zucker*
4 Bl.	*Gelatine*
1 EL	*Zitronensaft*
8 EL	*Wasser*
1/4 l	*Schlagobers*
Garnitur:	
2 dl	*Himbeer- oder Erdbeerpüree*

- Joghurt und Zucker verrühren,
- Gelatine in kaltem Wasser einweichen, in sehr heißem Wasser auflösen,
- überkühlt mit dem Zitronensaft unter das Joghurt mischen,
- geschlagenes Schlagobers unterziehen.
- Die Masse gut erkalten lassen,
- Nocken ausstechen und auf Fruchtpüree anrichten.

Barbara Doplbauer, Linzertor 6, 4070 Eferding

Ambrosia-Creme

4 Portionen	
1/2 l	*Rahm*
15 dag	*Staubzucker*
1/16 l	*Rum*
2 dag	*Gelatineblätter*

- Den Rahm etwas schlagen,
- Zucker, Rum und die aufgelöste Gelatine rasch unterrühren.
- In mit kaltem Wasser gespülte Formen gießen,
- im Kühlschrank stocken lassen.
- Auf Dessertteller stürzen und mit einem Fruchtpüree verfeinern.

Anmerkung: Diese Creme läßt sich auch gut zum Füllen für Biskuitrouladen und Torten verwenden.

Rosa-Maria Aichinger, Unterhauserstraße 1, 4484 Kronstorf

Eisknödel

Biskuitmasse:

6	*Eier*
24 dag	*Staubzucker*
1 P.	*Vanillezucker*
24 dag	*Mehl*
6 EL	*Wasser*
1/16 l	*Rum*
1/16 l	*Milch*
1 P.	*Vanilleeis (Familienpackung)*

Für das Blech:

	Backpapier

Weinbackteig:

1/4 l	*Weißwein*
20 dag	*Mehl*
2	*Dotter*
2	*Klar*

Zum Ausbacken:

25 dag	*Fett*

Zum Bestreuen:

	Zimt oder Zucker

- Biskuitmasse zubereiten,
- auf ein Blech streichen und kurz backen,
- stürzen und in 12 Rechtecke teilen,
- Rum mit Milch mischen und die Rechtecke damit beträufeln.
- Aus der Eispackung 12 Würfel schneiden,
- jeden Würfel mit einem befeuchteten Rechteck umhüllen,
- zu einem Knödel formen,
- in der Tiefkühltruhe ganz gefrieren lassen.
- Den Weinbackteig bereiten (ziemlich dick),
- die gefrorenen Knödel eintauchen und sofort im Fett ausbacken,
- vor dem Servieren mit Zimt oder Zucker bestreuen.

Renate Spaller, Eigenheimstraße 2, 4063 Hörsching

Zitroneneis

1 B.	*Schlagobers*
1/8 l	*Buttermilch*
1	*Zitrone*
2 EL	*Honig*

- Die Zitrone auspressen,
- mit der Buttermilch und dem Honig verrühren,
- das Schlagobers schlagen,
- mit der Schneerute beides vermengen,
- im Tiefkühlfach gefrieren lassen – mehrmals durchrühren.

Susanne Hoffmann, Hinterschweigerstraße 34, 4600 Wels

Für Feinschmecker, die das Erlesene lieben: Marillenschaumtorte (Rezept Seite 27).

„Pharisäer" (Rezept Seite 108) –
der zur Creme gewordene Kaffee ist ein delikates Dessert.

Strudelsäckchen mit Mostcreme: So verpackt, sieht der gute „Apfelstrudel"
besonders reizvoll aus und schmeckt sehr pikant (Rezept Seite 97).

*Auf einem Fruchtspiegel (Kiwi-, Erdbeer- und Marillenmus)
angerichtet, sieht die „Ambrosiacreme"
besonders appetitlich aus (Rezept Seite 111).*

Selbstgemachte Marmeladen
gehören in jeden
Vorratsschrank. Probieren Sie
„Kirschmarmelade mit
Walnüssen" (Rezept Seite 134)
und „Apfel-Paradeiser-
Marmelade" (Rezept Seite 133)
doch einmal aus.
Sie werden begeistert sein.

Beste Marmelade
aus
Kirschen 1993
R.

1993
Beste Ma
aus Kirsch

*„Ang'setzte" zum Verwöhnen wie das „Bettsteigerl" (Rezept Seite 128)
oder ein Verdauungsschnapserl wie der Schwarze Ribisellikör mit Kräutern und Gewürzen
(Rezept Seite 125) verführen einfach zum Ausprobieren.*

*Aufgespritzt ist der Zitronen-Melissen-Saft (S. 142) ein erfrischendes Getränk;
Himbeerwein ein aromatischer Aperitif (Rezept Seite 113).*

Die saftige Mohntorte hält sich besonders lange frisch (Rezept Seite 24).

Himbeerwein

3 1/2 kg	*Himbeeren*
2 kg	*Kristallzucker*
1 l	*Wein*

- Himbeeren verlesen und dann abwiegen,
- mit dem Zucker in ein passendes Gefäß schichten,
- mit einem Teller beschwert und zugedeckt etwa 1 Tag ruhen lassen, bis der Zucker den Saft aus den Früchten gezogen und sich aufgelöst hat.
- Die Früchte in ein ausgekochtes Tuch geben und den klaren Saft in etwa 6 Stunden ablaufen lassen.
- Saft und Weißwein mischen,
- in Flaschen füllen und verschließen.
- Mindestens noch 1 Woche durchziehen lassen.

Anmerkung: In kleinen Gläschen als Dessertwein servieren oder mit Wasser verdünnt als Longdrink reichen.

Silvia Tairych, Zellerstraße 2, 4614 Marchtrenk

Hollerwein (Schwester Rosalias Klostergeheimnis)

1 1/2 l	*Hollerbeeren*
1 1/2 l	*Kristallzucker*
3 l	*Wasser*
2 dag	*Germ*

- Hollerbeeren, Kristallzucker und das kalte Wasser in einem sauberen Topf eine Minute aufkochen lassen,
- anschließend ganz abkühlen,
- danach die zerbröselte Germ einrühren.
- An den ersten 2 Tagen hin und wieder umrühren,
- dann gut zudecken und am Küchenfenster gären lassen.
- Nach 5–6 Wochen abseihen und in Flaschen füllen.

Anmerkung: Der Hollerwein enthält Alkohol!

Christiane Gruber, Ringstraße 16, 4421 Aschach

Hagebuttenwein

1 kg	Hagebutten
3/4 kg	Kristallzucker
1 1/2 l	Wasser

- Hagebutten von den Stielen und Blütenresten befreien,
- waschen und mit dem Zucker in ein großes Glas geben.
- Das abgekochte und abgekühlte Wasser darübergießen.
- Das Glas mit einem Leinentüchlein verbinden,
- diesen Ansatz 6 Wochen lang stehen lassen,
- abseihen und noch einen Tag zum Absetzen eventueller Schwebstoffe stehen lassen,
- dann wird der Hetscherlwein vorsichtig mit einem Schlauch abgezogen und
- in Flaschen gefüllt, die gut zu verschließen sind.
- Kühl lagern.

Gertraud Lehnert, Lichtenbuch 26, 4865 Nußdorf

Kalter Bischof

1 l	Rotwein
28 dag	Kristallzucker
1/2	Vanillestange
1/8 l	Rum

- Rotwein mit Kristallzucker und Vanillestange einige Minuten kochen,
- in einem Porzellangefäß kühlen lassen,
- mit dem Rum vermischen,
- in Flaschen abfüllen und luftdicht verschlossen aufbewahren.
- Je älter das Getränk ist, desto besser ist es.

Anmerkung: Hab für euch da „geistige" Sachen,
sind ganz leicht zum Selbermachen,
denn auf uns're guade Kost
g'hört a Schnapserl – Prost!

Paula Redlhammer, Geretsdorferstraße 15, 5270 Mauerkirchen

Kalte Ente

2 l	Rotwein
2	Naturzitronen
4 cl	Rum (80 %)
1/4 kg	Kristallzucker
1 P.	Vanillezucker
1 l	Sekt

- Rotwein, Zitronensaft und Rum mit Zucker und Vanillezucker zusammenmischen
- 5–10 Std. stehen lassen,
- vor dem Servieren mit Sekt aufspritzen (eventuell abseihen).

Anita Redlhammer, Deuhoferstraße 18, 5270 Mauerkirchen

Heidelbeerwein

4 l	Wasser
1 1/4 kg	Kristallzucker
1/4 l	Weinessig
	Zimtrinde
	Nelken
1 1/2 l	Heidelbeeren

- Alle Zutaten aufkochen und kochend heiß über die Heidelbeeren leeren,
- über Nacht zugedeckt stehen lassen,
- abseihen, in Flaschen füllen und gut verschließen.

Anmerkung: Hält längere Zeit, kann aber auch gleich getrunken werden.

Elisabeth Feichtenschlager, Eigelsberg 1, 5251 Höhnhart

Löwenzahnwein

4 l	Löwenzahnblüten
6 l	Wasser
2–3 kg	Kristallzucker
1/4 kg	Weinbeeren
3	Orangen mit unbehandelter Schale
3	Naturzitronen
3 dag	Germ

- Löwenzahnblüten mit Wasser übergießen,
- Zucker, Weinbeeren, in Scheiben geschnittene Orangen und Naturzitronen sowie die Germ hinzufügen,
- 6 Tage lang kalt stellen und dabei täglich umrühren,
- dann die Flüssigkeit abseihen und in große Flaschen, auf die ein Gärspund aufgesetzt wird, füllen.
- Nun einige Wochen vergären lassen.
- Dann den Wein in Flaschen abziehen und verkorken.
- Liegend aufbewahren.

Monika Hanl, Hauptstraße 39, 4222 Langenstein

Rosenbowle

1 Tasse	Honig
2 P.	Vanillezucker
2	Orangen (Saft)
1 Tasse	Orangenlikör oder Zitronensaft
1 l	trockener Weißwein oder Apfelsaft
1 Handvoll	Rosenblätter
1 l	Mineralwasser
	Zucker nach Geschmack

- Honig mit Vanillezucker und Orangensaft in ein Bowlegefäß geben und so lange rühren, bis sich der Honig aufgelöst hat.
- Mit Weißwein auffüllen und im Kühlschrank 30–40 Minuten ziehen lassen.
- Inzwischen die geputzten und gewaschenen Rosenblätter gut abtropfen lassen,
- die Bowle mit den Rosenblättern weitere 2 Std. ziehen lassen,
- kurz vor dem Servieren das Mineralwasser dazugießen und je nach Geschmack süßen,
- mit Rosenzweigen garniert servieren.

Anmerkung: Reichen Sie zur Bowle einen Teller mit Mixed Pickles, diversen Früchten oder Knabbergebäck.

Marianne Mittendorfer, Maria Theresienstraße 19/10/61, 4600 Wels

Roter Traum

1 Dose	Ananasstücke
3	Orangen mit unbehandelter Schale
2	Naturzitronen
1	Zimtrinde
1 Fl.	Rotwein
2 EL	Honig
	Eiswürfel
1 Fl.	Sekt

- Abgeseihte Ananasstücke, Orangen- und Zitronenscheiben mit Rotwein übergießen,
- mit Honig süßen und 3 Std. ziehen lassen,
- vor dem Servieren Eiswürfel und Sekt dazugeben.

Maria Hander, Oberlembach 4, 4132 Lembach

Holundersekt

15	Holunderblüten
7 l	Wasser
1 1/2	Naturzitronen
3/4 kg	Kristallzucker
1/4 l	Weinessig

- Die abgezupften Holunderblüten ins Wasser legen,
- die mit der Schale in Scheiben geschnittenen Zitronen dazugeben,
- Zucker und Weinessig darunterrühren,
- 24 Std. stehen lassen – öfters umrühren.
- Den Saft durch ein Leinentuch filtern und in Flaschen abfüllen (Korken gut verbinden!).
- Soll der Sekt mehr moussieren, einige Reiskörner dazugeben.
- In einem sehr kühlen Raum (Keller) die Flaschen stehend aufbewahren.

Anmerkung: In zwei bis drei Wochen ist der Sekt trinkfertig.

Ernestine Unoll, Pf.-Stögmüllerstraße 5/4, 4563 Micheldorf

Geistiger Orangensaft

10	große Orangen mit unbehandelter Schale
1/4 l	Weingeist (oder Bauernschnaps)
3 kg	Kristallzucker
3 l	Wasser
6 dag	Weinsteinsäure
1/8 l	Wasser

- Orangen waschen, die äußere Schale abschälen und mit Weingeist 2–3 Wochen in einem Glas ansetzen.
- Kristallzucker und Wasser kurz aufkochen und auskühlen lassen,
- Weinsteinsäure in Wasser auflösen,
- mit dem Zuckerwasser sowie dem abgeseihten Orangenschnaps vermischen.
- In Flaschen füllen, gut verschließen und kühl stellen.

Anmerkung: Mit Wasser verdünnt ist er trinkfertig.
Anstatt der Orangen kann man auch Naturzitronen verwenden.

Christine Glockner, Simling 8, 4210 Gallneukirchen

Ingwerbier

Stock:	
1 1/2 Tassen Wasser	
16 KL	*Zucker*
16 KL	*Ingwerpulver*
7. Tag:	
4 Tassen Zucker	
30 Tassen Wasser	
4	*Zitronen*

Stock:
- Zu Beginn 1 1/2 Tassen Wasser, 2 KL Zucker und 2 KL Ingwerpulver in einen Krug geben,
- jeden Tag mit je 2 KL Zucker und Ingwerpulver füttern – 7 Tage lang.
- Sollte das Wasser verdunsten, immer ein wenig nachfüllen.
- Wenn nach 7 Tagen keine kleinen Bläschen aufsteigen, muß man noch einmal von vorne anfangen.

7. Tag:
- Der Stock ist jetzt fertig, das Ingwerbier kann zubereitet werden.
- 4 Tassen Zucker in 10 Tassen kochendem Wasser auflösen,
- noch 20 Tassen kaltes Wasser dazugeben,
- den reinen Zitronensaft und den Saft des durch ein Tuch geseihten Stockes dazurühren,
- in Flaschen abfüllen und ca. 8 Tage stehen lassen,
- nach dieser Zeit ist das Bier trinkfertig.

Anmerkung: Mit der Hälfte des im Tuch zurückgebliebenen Stockes können Sie im Krug wieder neu beginnen – mit Wasser, Zucker und Ingwerpulver. Mit der anderen Hälfte einem anderen Bierbrauer eine Freude machen (oder wegwerfen).

Anna Oberlik, Schloßgasse 7, 5270 Mauerkirchen

Gebrannte Verlockungen

Die Bauern lassen sich viel gefallen. Nur in zwei Punkten reagieren sie wirklich empfindlich, wenn man ihre Rechte beschränken will: beim Schweineschlachten und beim Schnapsbrennen. Diese handfesten Regeln der Agrarpolitik hat mir der allzu früh verstorbene Präsident der Landwirtschaftskammer Dr. Hans Lehner einmal verraten. Das Finanzministerium hatte damals wieder einmal gedroht, das bäuerliche Schnapsbrennen einzuschränken.

Es handelt sich um ein uraltes Recht, das darauf zurückzuführen ist, daß die Bauern Schnaps zur Behandlung des Viehs brauchen. So lautet zumindest die offizielle Erklärung. Denn eigentlich ist in Österreich auch die Erzeugung von Schnaps dem Staat vo,rbehalten, der sich dieses Monopol abkaufen läßt. Die einzige Ausnahme davon ist eben der bäuerliche Hausbrand, womit wir schon einen der zwei maßgeblichen rechtlichen Begriffe des Schnapsbrennens kennengelernt haben.

Der andere ist der sogenannte Abfindungsbrand, bei dem dem Staat sein Monopolrecht zur Branntweinerzeugung abgekauft wird. Auf diese Weise dürfen nicht nur Bauern Schnaps brennen, sondern etwa auch Obstgartenbesitzer, wovon in den letzten Jahren immer häufiger Gebrauch gemacht wird. Zu diesem Zweck werden sogar mietbare, bewegliche Brenneinrichtungen angeboten.

Das Recht auf den Hausbrand besagt, daß jeder Bauer jedenfalls 30 Liter Schnaps pro Jahr brennen darf. Für jede weitere im Haus lebende erwachsene Person stehen dem Bauern 6,5, nach Ansuchen auch 12 Liter an Schnapskontingent zur Verfügung.

Abfindungsbrenner dürfen nach einer neuen Regelung 100 Liter Reinalkohol herstellen, woraus durch die notwendige Verdünnung 200 Liter Schnaps werden. Die Neuregelung gilt seit Herbst 1993, früher war nur die Hälfte zulässig. Daneben gibt es auch noch Abfindungsbrennrechte auf 300 Liter Alkohol, die kaum mehr neu vergeben werden. Selbstverständlich kontrolliert der Staat recht genau, ob auch niemand zuviel des guten Schnapses brennt. Der Zeitpunkt des Brennens muß angemeldet werden, wobei bei der Herstellung von Hausbrand Tag und Nacht durchgearbeitet werden muß, weil das Finanzamt offensichtlich die Ermüdung der Untertanen als eine gewisse Garantie dafür ansieht, daß nicht illegal zu große Mengen gebrannt werden.

Abfindungsbrenner hingegen müssen während des Tages arbeiten. Ein Schnapsbrenner muß jederzeit damit rechnen, daß ein Finanzbeamter kommt und überprüft, ob auch alles seine Richtigkeit hat. Vor allem muß die Brennerei vor Beginn des Schnapsherstellens versiegelt sein und auch nachher mit einer Plombe versehen werden. Beim Schnaps versteht Vater Staat keinen Spaß, vor allem weil es dabei auch ums Geld geht.

Die Schnapskultur hat sich in Österreich in den letzten Jahren erfreulich in Richtung Qualität entwickelt. Mit dem Einreibmittel für das Vieh, das man zur Not auch trinken kann, hat niemand mehr Freude. Wir Oberösterreicher dürfen übrigens besonders stolz auf unsere Schnapsbrenner sein. Bei der seit zwei Jahren stattfindenden Schnapsmesse „Destillata" in Kärnten hat ein Baumeister aus Traun als Bester abgeschnitten. Ing. Manfred Wöhrer wurde zum Schnapsbrenner des Jahres gekürt. Von ihm und von Wilhelm und Wilfried Hirschvogel aus Kirchberg-Thening stammen übrigens auch etliche der Tips, die in den folgenden Zeilen für das Schnapsbrennen angeführt sind.

Eine möglichst rasche Gärung der Maische und dann das unverzüglich nach Abschluß der Gärung vorzunehmende Brennen sind wichtig. Hier wurden und werden die meisten Fehler gemacht, versichern die Könner. Wenn früher im Herbst das Obst eingemaischt und dann erst in den Wintermonaten gebrannt wurde, war die Gefahr viel zu groß, daß Fehlgärungen entstehen, daß die Maische verdirbt und daß damit der Geschmack des Schnapses alles andere als erfreulich ist.

Grundsätzlich kann jedes Obst gebrannt werden. Beeren, wie Holler, Himbeeren, aber auch Ebereschen oder Hagebutten ergeben köstliche Destillate. Da bei ihnen die Ausbeute sehr gering ist, ist Beerenschnaps meist recht teuer. Gebrannt werden darf natürlich auch das andere Obst, das im Garten oder am Bauernhof wächst. Zwetschken, Kirschen, Kriecherln, Ringlotten – jede Geschmacksrichtung findet ihre Liebhaber. Nicht in Oberösterreich beheimatet, aber auch hier mit viel Sachverstand gebrannt und mit viel Liebe getrunken, ist der Marillenschnaps.

Beim Kernobst werden immer öfter reinsortige Schnäpse statt des herkömmlichen Obstlers, bei dem verschiedene Mostobstsorten gemeinsam eingemaischt wurden, angeboten. Als klassisch kann der Schnaps aus Williamsbirnen genannt werden. Mit reinsortigen Apfelbränden kann eine Qualität erreicht werden, die keinen Vergleich mit dem berühmten französischen Calvados zu scheuen braucht. Übrigens kann man aus Quitten, mit denen auch viele Hausfrauen nichts anzufangen wissen, Schnaps herstellen. Am Rande sei erwähnt, daß man aus Quitten auch Chutneys, Marmeladen und aus diesen wiederum herrliche Mischungen mit Kren herstellen kann.

Bleiben wir beim Schnaps. Entscheidend ist schon die Sauberkeit in der Aufbereitung des Obstes. Wer guten Schnaps brennen will, muß das Obst vor dem Einmaischen waschen. Je reifer das Obst ist, umso höher sind Ausbeute und Qualität des Destillates. Sodann ist es wichtig, versichern die Könner unter den Schnapsbrennern, daß die Maische möglichst schnell vergärt. Bei Beeren wird innerhalb von zwei bis drei Tagen der Zucker in Alkohol umgewandelt, bei Kernobst dauert es drei, höchstens vier Wochen. Wer der Maische Reinhefe zusetzt, hat die Garantie, daß im Gärprozeß keine wilden Hefekulturen entstehen, die zum Sauerwerden der Maische führen könnten. Eine möglichst rasche Gärung ist nicht nur deswegen wichtig, weil damit diese Gefahr vermieden wird, sondern weil im Laufe der Zeit auch immer mehr Aromastoffe verloren gehen.

Das Obst wird nach dem Waschen zerkleinert, bei Steinobst empfiehlt es sich auch, die Kerne zu entfernen, weil sie Blausäure enthalten. Die Maischebehälter werden luftdicht verschlossen und in einen 18 bis 20 Grad warmen Raum gestellt. Wenn kein Restzucker mehr enthalten ist, wird gebrannt.

Auch beim Brennen ist Sauberkeit das oberste Gebot. So mancher schlaue Bauer ist beim Brennen schon in die Zwickmühle geraten. Es soll ja immer wieder vorkommen, daß jemand wesentlich mehr brennen will, als ihm das Finanzamt und das Gesetz erlauben. Allerdings sind von der Qualität her natürliche Obergrenzen gesetzt. Die Zeit zum Brennen wird vom Finanzamt ja vorgeschrieben. Wer in dieser Zeit mehr als das Erlaubte brennen will, muß schneller brennen. Und damit geht viel an Qualität verloren.

Zunächst wird die Maische im sogenannten Rauhbrand auf einen Alkoholgehalt von zwei Volumsprozent gebracht. Der Rauhbrand wird gesammelt und dann dem Feinbrand zugeführt. Dabei ist darauf zu achten, daß sich Vorlauf, Mittellauf und Nachlauf nicht mischen. Der Vorlauf enthält Fuselöle und Alkohole, die entweder giftig oder wenigstens nicht zuträglich sind. Der Vorlauf ist das eigentliche Heilmittel, das die Bauern in der Behandlung ihrer Tiere einsetzen. Den Mittellauf verwenden sie zur eigenen Behandlung. Der Nachlauf wiederum enthält zuwenig Alkohol und letztlich auch zuwenig Aromastoffe, wobei darauf zu achten ist, daß etwa Himbeeren oder Quitten den Großteil des Aromas schon im Vorlauf oder am Beginn des Mittellaufes entfalten, Äpfel aber wiederum eher am Ende des Brennvorganges.

Der Schnaps enthält nach dem Feinbrand einen Alkoholanteil von etwa 60 Volumsprozent der Flüssigkeit. Genußfähig wird er erst, wenn er mit destilliertem Wasser verdünnt wird, wobei es wichtig ist, daß das Wasser und das Destillat beim Mischen die gleiche Temperatur haben. Es ist übrigens ein Irrtum anzunehmen, daß jeder Schnaps besser wird, je älter er ist. Äpfel- und Birnendestillate etwa entfalten nach einem Jahr den besten Geschmack, Marillen und Zwetschken nach sechs bis acht Jahren. Mehr als zwanzig Jahre sollte man Schnaps nicht aufbewahren. Dann geht zuviel an Aroma verloren.

Was wir bisher noch nicht erwähnt haben, ist der Kornschnaps. Er darf nur dort hergestellt werden, wo die Bauern nicht über genug Obst verfügen. Das Korn wird gebrochen oder gequetscht und dann in ein Faß mit warmem Wasser eingerührt. Am besten entfaltet sich das Korn, wenn es bereits gekeimt hat. Dann muß Germ zugesetzt werden und die Maische bei Zimmertemperatur zwei bis drei Tage gären. Der Rest gestaltet sich wie beim Obst.

Für Schnaps sollte übrigens das gelten, was man auch vom Wein sagt: Man sollte auf die Qualität und nicht auf die Menge achten. Und diese Qualität hat ihren Preis. Wer es aber bei einem Stamperl beläßt, wird seiner Gesundheit nicht schaden und kann sich dann das Bessere leisten. In den nächsten Kapiteln unseres Buches erhalten Sie keine Anleitungen zum Schnapsbrennen. Sie erfahren aber, wie Sie mit Schnaps köstliche Liköre selbst herstellen können. Prosit!

Magenbitterlikör

1 1/2 l	Hagebutten
1 kg	Kristallzucker
1 1/2 l	Schnaps

- Von den Hagebutten Blütenansatz und Stengel entfernen,
- mit Zucker und Schnaps in ein großes Glas füllen,
- 4–5 Wochen an einem warmen Ort stehen lassen.
- Wenn alle Beeren am Boden sind abseihen,
- in Flaschen füllen,
- gut verschließen und kühl aufbewahren.

Anmerkung: Je länger die Lagerzeit, um so besser und milder wird der Likör.

Franz Zinhobel, Wieshausl 4, 4625 Offenhausen

Dirndllikör

1 kg	Dirndl
1 l	Weingeist
1/2 kg	Kristallzucker
1 l	Wasser

- Die sauberen Früchte in eine weithalsige Flasche geben und den Weingeist dazugießen,
- das ganze 2 Monate oder länger in der Sonne stehen lassen.
- Kristallzucker im Wasser gut aufkochen (abschäumen),
- die kalte Zuckerlösung zu den Früchten gießen.
- Nach 4 Wochen den Likör abfiltrieren,
- in Flaschen füllen und gut verkorken,
- stehend aufbewahren.

Anmerkung: Dirndln sind die Früchte vom gelben Hartriegl. Die Ernte ist im September. Es ist dies ein leichter, sehr guter Likör mit einer schönen roten Farbe.

Elfriede Bitterlich, 4853 Steinbach/Attersee 37

Dörrzwetschkenlikör

1/2 kg	*Dörrzwetschken*
1/2 l	*Rum*
1/2 l	*Weinbrand*
1/2 l	*Zwetschkenschnaps*
1/2 kg	*Kandiszucker*

- Die entkernten Dörrzwetschken mit Rum, Weinbrand, Zwetschkenschnaps und Kandiszucker in ein entsprechend großes Glas füllen,
- an einem warmen Ort ca. 3 Wochen stehen lassen,
- ab und zu umrühren.
- Dann die Zwetschken abseihen und den Likör in Flaschen füllen.

Anmerkung: Die getränkten Zwetschken etwas abtrocknen lassen und mit Schokolade überziehen – eine Köstlichkeit. Der Likör kann mit etwas Läuterzucker auf die gewünschte Stärke verdünnt werden.

Bernhard Hinterwirth, Etzelsdorf 12, 4663 Pettenbach

Schwarzer Ribisellikör mit Kräutern

30 dag	*schwarze Ribiseln*
30 dag	*weißer Kandiszucker*
5 g	*Fenchel*
5 g	*Anissamen*
5 g	*Kümmel*
1	*Zweig frische Pfefferminze und frische Zitronenmelisse*
1 l	*Branntwein (Kornschnaps)*

- In eine große, bauchige Flasche die gewaschenen, gut abgetropften Ribiseln geben,
- darauf den Kandiszucker und die Gewürze.
- Mit dem Branntwein auffüllen,
- mindestens 4–6 Wochen stehen lassen.
- Danach filtern und in Flaschen füllen.

Anmerkung: Dieser Likör ist ein altes Hausmittel und sehr bekömmlich bei Magen- und Darmstörungen.

Erika Hauser, Neufelderstraße 15a, 4030 Linz

Schlüsselblumenlikör

1/4 l	Schnaps
1	Handvoll Schlüssel-blumenblüten
1/2 l	Wasser
1/4 kg	Kandiszucker

- Den Schnaps und die Schlüsselblumenblüten in ein Glas geben,
- in die Sonne stellen,
- nach 14 Tagen abseihen.
- Wasser mit Kandiszucker kochen,
- auskühlen lassen und dann zum abgeseihten Likör gießen,
- gut durchrühren und in Flaschen abfüllen.

Anmerkung: Der Schlüsselblumenlikör ist ein gutes Hustenmittel.

Maria Hauder, Oberlembach 4, 4132 Lembach

Kräuterlikör nach Omas Rezept

6 g	Koriander
4 g	Pfefferminzkraut
1 g	Angelikawurz
1 g	Anis
1/2 l	Bauernschnaps
1/2 kg	Zucker
1 1/2	Seidel Wasser

- Den Bauernschnaps mit 1/2 Seidel Wasser mischen und die Kräuter und Gewürze dazugeben,
- 18 Stunden zugedeckt stehen lassen,
- filtrieren und Läuterzucker zum Kräuterauszug geben.
- In Flaschen füllen.

Läuterzucker:
- Kristallzucker mit 1 Seidel Wasser dicklich einkochen.

Anmerkung: Im Sommer frisch gepreßten Pfefferminzsaft dazugeben, dann bekommt der Likör eine schöne grüne Farbe.

Anna Mayr, Schachadorf 60, 4552 Wartberg

Speziallikör für Mann & Frau

1 l	Weingeist
8	grüne Nüsse
10 dag	Johannisbrot
5 dag	Weichseln
12 dag	Rosinen
25 dag	Kandiszucker
20	Kaffeebohnen
	etwas Zitronenschale
1	Zimtrinde
1 Stk.	Ingwer
1/2 kg	Kristallzucker
1/2 l	Wasser

- In das Glas mit dem Weingeist grüne, geschnittene Nüsse, Johannisbrot, Weichseln, Rosinen, Kandiszucker, Kaffeebohnen, etwas Zitronenschale, Zimtrinde und Ingwer geben;
- 3–4 Wochen in die Sonne stellen.
- Kristallzucker mit Wasser abkochen (läutern),
- das Angesetzte abseihen und mit dem Läuterzucker vermengen.
- In Flaschen abfüllen.

Hilde Hörtenhuber, Peintal 12, 4655 Vorchdorf

Kaffeelikör – Spezialrezept

5 dag	Bohnenkaffee
5/8 l	Wasser
40 dag	Kristallzucker
1 P.	Vanillezucker
1/4 l	Weingeist

- Den feinst gemahlenen Bohnenkaffee in 3/8 l Wasser aufkochen,
- ca. 10 Minuten ziehen lassen und filtern.
- Kristall- und Vanillezucker in 1/4 l Wasser bis zur „Zuckerperle" kochen,
- etwas abkühlen lassen.
- Den gefilterten Kaffee, die Zuckerlösung und den Weingeist vermischen.

Anmerkung: Vor dem Genuß mindestens 1 Monat ablagern.

Heinz Zöchbauer, Denkstraße 25, 4030 Linz

Bierlikör

1 Fl.	schwarzes Bier
30 dag	Kristallzucker
1 P.	Vanillezucker
1/4 l	Rum
1/4 l	Schnaps

- Das Bier mit Kristallzucker und Vanillezucker vier Minuten kochen (Vorsicht, es schäumt sehr!),
- auskühlen lassen,
- dann Rum und Schnaps dazugeben,
- in gut verschließbare Flaschen abfüllen.

Anmerkung: Bei längerer Lagerung wird der Geschmack immer besser.

Theresia Reiter, Haging 10, 4910 Pattigham

Bettsteigerl

1	Orange mit unbehandelter Schale
44 Stk.	Kaffeebohnen
44 Stk.	Würfelzucker
1 l	Schnaps

- Die Schale der Orange ganz leicht einschneiden,
- Kaffeebohnen und Würfelzucker in die Schalenschlitze stecken,
- mit dem Schnaps ansetzen,
- 2 Monate stehen lassen,
- dann filtern und in Flaschen abfüllen.

Josefine Pably, Dirnstraße 48, 4460 Losenstein

Klostergeheimnis

1 Fl.	dunkles Bier
80 dag	Kristallzucker
2 P.	Vanillezucker
1/2 l	Rotwein
1/4 l	Rum
3/8 l	Weingeist

- Das dunkle Bier mit Zucker und Vanillezucker aufkochen,
- auskühlen lassen.
- Dann mit Rotwein, Rum und Weingeist vermischen,
- in gut verschließbare Flaschen abfüllen.

Gertraud Mayrhofer, Hausried 2, 5143 Feldkirchen

Heidelbeerschnaps

1 l	Heidelbeersaft
5	Nelken
1	Zimtrinde
1 l	Kristallzucker
3 l	Wasser
1 l	Kornbranntwein

- Den Heidelbeersaft mit den Nelken und der Zimtrinde kochen;
- Kristallzucker mit Wasser extra kochen;
- lauwarm zusammengießen und den Kornbranntwein dazugeben,
- wenn alles kalt ist, in Flaschen abfüllen.

Anmerkung: Das ist ein ganz altes, überliefertes Rezept.

Franziska Haiböck, 4261 Rainbach 119

Weiberleutschnapsl

1/2 kg	allerlei Beeren (Johannisbeeren, Ebereschenbeeren, schwarzer Holunder, Himbeeren)
4 EL	Kristallzucker
1/2 l	Obstschnaps

- Die Beeren mit dem Zucker vermischen und in eine Flasche geben,
- mit Obstschnaps aufgießen und 3 bis 4 Wochen stehen lassen,
- dann alles abseihen und das schönfarbige Schnapsl in eine frische Flasche abfüllen,
- mindestens drei bis vier Wochen stehen lassen.

Eva Rammelmüller, Lumplgraben 83, 4463 Großraming

Himbeergeist

2 l	Himbeeren
1 1/2 l	Wasser
70 dag	Kristallzucker
1/2 l	Weingeist

- Himbeeren mit dem Wasser 15 Minuten kochen,
- durch ein Geschirrtuch seihen,
- dann mit dem Zucker weitere 15 Minuten kochen, sofort den Weingeist zugeben,
- heiß in Flaschen füllen.

Anni Brunholder, Margeritenstraße 4, 4484 Kronstorf

Ribiselschnaps

1 l	schwarze Ribiseln
1/2 kg	Kandiszucker
8	Gewürznelken
3 l	Kornbranntwein

- Alle Zutaten in ein großes Glas geben,
- an einen sonnigen Fensterplatz stellen, öfters umrühren,
- nach 6 Wochen abseihen und in Flaschen abfüllen,
- dunkel aufbewahren.
- Je länger der Schnaps lagert, umso feiner wird sein Geschmack.

Anmerkung: Ribiselschnaps wird in unserer Familie als Heilmittel gegen einen verdorbenen Magen nach einem zu üppigen Essen getrunken.

Anni Lechner, Luisenhöhe 2, 4963 St. Peter/H.

Melissengeist

1	mittelgroßer Strauß frisches Melissenkraut
3 EL	brauner Kandiszucker
	Weingeist nach Bedarf

- Das Melissenkraut etwas zerschneiden und in ein Glas geben,
- den braunen Kandiszucker darüberstreuen und mit so viel Weingeist übergießen, daß das Kraut gut bedeckt ist.
- Mit einem Leinentuch und Bindfaden verschließen,
- ca. 3 Wochen an einem warmen, sonnigen Ort stehen lassen,
- anschließend abseihen und in Flaschen abfüllen.

Anmerkung: Dieser Melissengeist ist bei mir eine Medizin.

Erika Haider, Stifterstraße 20, 4600 Wels

Rhabarberschnaps

1/4 kg	Rhabarber
1 l	Kornschnaps
5	Nelken
1	Zimtrinde
5	Sternanis
1	Naturzitrone
	Zucker nach Geschmack

- Rhabarber in Stücke schneiden,
- mit Kornschnaps, Gewürznelken, Zimtrinde, Zitronen-schale ansetzen,
- 4 Wochen an einen warmen Ort stellen,
- Zucker beigeben,
- nach einer Ruhezeit von 2 Wochen filtrieren,
- in Flaschen füllen,
- noch einmal 3 Monate lagern.

Anmerkung: Rhabarberschnaps ist ein vorzügliches Ver-dauungsmittel, wirkt appetitanregend und beruhigend.

Helga Schmidt, Bachhäuseln 1, 4673 Gaspoltshofen

Limonischnaps

3	Limonen
1/2 kg	Kristallzucker
1/2 l	Weingeist
1/2 l	Wasser

- Von den Limonen die Schale sehr fein abschälen,
- in eine weithalsige Flasche füllen,
- den Kristallzucker dazugeben,
- den Weingeist und das Wasser darübergießen,
- 14 Tage in der Küche stehen lassen.
- Jeden Tag einige Male gut aufschütteln,
- den Schnaps abseihen, filtrieren und abfüllen.

Anmerkung: Der Schnaps kann gleich getrunken werden.

Marianne Kuntner, Lungendorf 52, 4643 Pettenbach

Ribiselblatt-Wodka

20	Blätter von schwarzen Ribiseln
1 l	Wodka

- Die von der schwarzen Ribisel gepfückten Blätter in ein weithalsiges Gefäß legen, Wodka darübergießen,
- ca. 3–4 Wochen an einem warmen Ort stehen lassen.
- Diesen Ansatz filtrieren und in Flaschen abfüllen.
- Eisgekühlt servieren.

Anmerkung: Das Getränk gewinnt mit der Dauer der Lagerung an Geschmack.

Sonja Putz, Hopfgarten 4, 4820 Bad Ischl

Kümmelschnaps

2 KL	Kümmel
1/4 l	heißes Wasser
1/2 l	kaltes Wasser
1/2 l	feinster Weingeist
40 dag	Kristallzucker
30 dag	Wasser

- Den Kümmel mit dem heißen Wasser überbrühen,
- auskühlen lassen und das kalte Wasser sowie den Weingeist dazugeben.
- 6 Tage an einem warmen Ort stehen lassen – öfters schütteln.
- Den Kristallzucker im restlichen Wasser auflösen und bis zur Perle kochen,
- ausgekühlt zum Angesetzten mischen.

Hermine Penz, Donaulände 14, 4100 Ottensheim

Weichselschnaps

1 kg	Weichseln
1 l	Kornschnaps
60 dag	Kristallzucker
1	Zimtrinde
2	Gewürznelken
1	gestrichener KL Tausendguldenkraut

- Weichseln in ein Glas geben;
- alle anderen Zutaten mit 1/4 l kochendem Wasser überbrühen,
- 5 Minuten ziehen lassen.
- Abseihen und ausgekühlt mit dem Kornschnaps zu den Weichseln ins Glas gießen, mit einem Kochlöffel umrühren,
- 4 Wochen an ein sonniges Fenster stellen.

Maria Jegel, Gugerlehnerstraße 3, 4400 Steyr

Powidl

3 kg	*Zwetschken*
1/8 l	*Schnaps oder Weinessig*
40 dag	*Kristallzucker*
	Zimt
	Rum

- Die halbierten und entsteinten Zwetschken mit Schnaps und Kristallzucker vermischen,
- über Nacht stehen lassen.
- Am nächsten Tag einige Stunden auf kleiner Stufe köcheln lassen, bis die Saftflüssigkeit verdampft ist,
- pürieren, mit Zimt und Rum nach Geschmack abschmecken,
- heiß in Gläser abfüllen und sofort verschließen.

Anmerkung: Während des Köchelns nicht umrühren – so gibt es kein Anbrennen!

Elisabeth Feitzlmayr, Jungwirth 4, 4716 Hofkirchen/Trattnach

Apfel-Paradeiser-Marmelade

2 kg	*Äpfel (Fallobst)*
80 dag	*reife Paradeiser*
70 dag	*Kristallzucker*

- Äpfel waschen und vierteln (mit Schale und Kerngehäuse),
- Paradeiser vierteln,
- alles zusammen aufkochen,
- passieren (mit flotter Lotte oder Fleischwolf mit Passiervorsatz),
- Zucker dazugeben und unter Rühren weitere 5 Minuten kochen lassen.
- Heiß in Gläser füllen und gut verschließen.

Anmerkung: Zur Geschmacksabänderung kann bei einigen Gläsern unter die Marmelade 1–2 Löffel Rum gerührt werden.

Erna Gruber, Dr. Watzkestraße 14, 4663 Laakirchen

Kirschmarmelade mit Nüssen

2 kg	*reife, dunkle Kirschen*
15 dag	*frische Walnüsse*
2 kg	*Gelierzucker*

- Die Kirschen sorgfältig waschen, abtrocknen, entstielen und entsteinen,
- Kirschen zerkleinern, Nüsse hacken,
- in einem großen Kochtopf mit Gelierzucker vermischen und zum Kochen bringen,
- ca. 10 sec. sprudelnd kochen lassen.
- In vorbereitete Gläser füllen und gut verschließen.

Anmerkung: Zubereitungszeit ca. 1 Stunde.

Erich Stadlbauer, Eschenbachstraße 23/91, 4600 Wels

Feine Wintermarmelade

6	*Orangen*
6	*Mandarinen*
6	*Bananen*
1/2 kg	*Karotten*
1	*Zitrone*
1 kg	*Kristallzucker*

- Geschälte Orangen, Mandarinen, Bananen und Karotten sehr weich kochen,
- rasch und sauber durch ein feines Sieb in ein abgewogenes Geschirr passieren.
- In das Fruchtmus den Saft einer Zitrone rühren und abwiegen,
- Genausoviel Kristallzucker wie Fruchtmus in einem separaten Geschirr mit 1/3 Wasser (z. B. auf 3/4 kg Zucker kommt 1/4 l Wasser) unter anfänglichem Abschäumen kochen, bis sich am Geschirrand die ersten hellgelben Blasen zeigen,
- dann sofort das Fruchtmus beifügen,
- alles zusammen unter Rühren 12–15 Minuten (reine Kochzeit) einkochen.
- Die Marmelade in reine Gläser füllen, die nach dem Erkalten luftdicht verschlossen werden.
- Kühl aufbewahren.

Karoline Mizelli, Schmidtgasse 4, 4810 Gmunden

Sommer-Konfitüre

3/4 kg	Erdbeeren
1/2 kg	Kirschen
1/2 kg	Himbeeren
2 kg	Kristallzucker
1	kleine Flasche Geliermittel mitsamt beigefügter Zitronensäure

- Die Früchte waschen, entstielen, verlesen und gut abtropfen lassen,
- Kirschen auch entsteinen.
- Nach Belieben mehr oder weniger zerkleinern,
- mit Zucker gemischt über Nacht Saft ziehen lassen,
- am nächsten Tag mit großer Hitze rasch aufkochen lassen, dabei immer umrühren.
- Zitronensäure und Geliermittel dazugeben,
- die Konfitüre noch 1 Minute kochen lassen,
- heiß in Gläser einfüllen und gut verschließen.

Silvia Tairych, Zellerstraße 2, 4614 Marchtrenk

3-Frucht-Marmelade

1/2 kg	Paradeiser
1/2 kg	Zwetschken
1/2 kg	Äpfel
1 1/2 kg	Gelierzucker

- Paradeiser und Äpfel in Spalten schneiden,
- getrennt weichkochen und durch ein Sieb (flotte Lotte) passieren.
- Zwetschken entsteinen und durch den Fleischwolf drehen,
- alles vermischen und mit dem Gelierzucker aufkochen lassen,
- 4 Minuten weiterkochen lassen – dabei immer umrühren!
- In Marmeladegläser füllen und gut verschließen.

Hedwig Bögl, Niederham 12, 4774 St. Marienkirchen/ Schärding

Holunderbeer-Ebereschen-Gelee

3/4 kg	Ebereschen (Vogelbeeren)
1/8 l	Wasser
1 kg	Holunderbeeren
1	Naturzitrone
4	säuerliche Äpfel
	Gelierzucker (nach Saft- und Fruchtmenge)
1 KL	Zimtpulver
1 KL	Nelkenpulver

- Ebereschen waschen, verlesen und von den Stielen zupfen, mit dem Wasser in einem Topf aufkochen,
- 30 Minuten köcheln lassen.
- Dann in ein mit einem Mulltuch ausgekleidetes Sieb geben und ablaufen lassen,
- dabei hin und wieder kräftig ausdrücken.
- Die Holunderbeeren waschen, ohne sie von den Rispen zu ziehen, im Dampfentsafter entsaften,
- beide Säfte mit Zitronenschale mischen und abmessen.
- Zitrone auspressen,
- Äpfel schälen, vierteln, entkernen und schnitzeln,
- mit Zitronensaft mischen und abwiegen.
- Im Verhältnis 1:1 entsprechend der Saft- und Fruchtmenge Gelierzucker beigeben,
- mit den Äpfeln und den Säften mischen,
- Zimt und Nelken dazugeben,
- unter ständigem Rühren zum Kochen bringen und 5 Minuten kochen lassen.
- Dann in vorbereitete Gläser füllen und diese mit einem Schraubdeckel verschließen.
- Während des Abkühlens die Gläser häufig schütteln, damit sich die Apfelstücke gut verteilen.

Herta Obermüller, Bahnhofstraße 69, 4150 Rohrbach

Marmelade aus grünen Paradeisern

2 kg	grüne Paradeiser
1 kg	Kristallzucker
1/16 l	Weinessig
	Nelken
	Ingwer
	Zimt
1	Naturzitrone

- Grüne Paradeiser in Stücke schneiden,
- mit Zucker, Weinessig, Gewürznelken und Zitronenschale wie Sirup einkochen,
- die Marmelade noch heiß in Gläser füllen und gut verschließen.

Maria Danner, Penning 8, St. Johann/Wbg.

Cognac-Kirschen

1 kg	große, schöne Kirschen
1 l	Cognac
1 kg	Kristallzucker
1/2 l	Wasser

- Kirschen entstielen und in weithalsige Flaschen füllen,
- unter stetem Schütteln mit Cognac und dem in Wasser aufgelösten, etwas eingekochten und gut abgeschäumten Zucker übergießen,
- in Flaschen füllen.
- Die verkorkten Flaschen in den Keller stellen.

Anmerkung: Der Saft schmeckt wie echter Cherry Brandy.

Heidi Grübl, Weixelbaum 4, 4153 Peilstein

Preiselbeeren in Wein

5 l	Preiselbeeren
1 l	guter Rotwein
1 kg	Kristallzucker

- Preiselbeeren mit Rotwein und Zucker kochen,
- in Gläser mit Schraubverschluß füllen.

Grete Kurz, Ampfererstraße 1, 6020 Innsbruck

Schwarzbeerkompott mit Weinessig

5 l	Schwarzbeeren (Heidelbeeren)
1/2 l	Weinessig (leicht verdünnt)
1 kg	Kristallzucker

- Essig mit Zucker bis zum Spinnen kochen,
- die Heidelbeeren kurze Zeit unter ständigem Rühren mitkochen (kocht leicht über!),
- noch heiß in Gläser abfüllen,
- mit Schraubverschluß verschließen.

Anmerkung: Einen kühlen Vanillepudding mit Heidelbeerkompott übergießen – da kann man auf das beste Eis verzichten!

Margarethe Astegger, Schmidham 74, 4870 Vöcklamarkt

Zwetschken mit Geist

2 kg	vollreife Zwetschken
1/2 l	Rotwein
1/2 l	Wasser
25 dag	Kandiszucker
8 Stk.	Sternanis
2 Stk.	Zimtrinde
ca. 3/4 l	Zwetschkenschnaps

'

- Wein, Wasser und Kandiszucker mischen und erwärmen, bis sich der Zucker aufgelöst hat.
- Inzwischen die Zwetschken waschen, halbieren und entsteinen,
- in Rexgläser schichten und in jedes Glas 2 Sternanis und ein Stückerl Zimtrinde geben.
- Den Schnaps mit der Zuckerlösung mischen und über die Früchte gießen,
- Die Gläser mit Gummiringen und Klammern verschließen und bei 75° 30 Minuten sterilisieren.

Anmerkung: Schmeckt gut zu gegrilltem Fleisch, Wild, gehacktem Rindfleisch und als Nachtisch.

Christa Hofreiter, Schäferhof 14, 4293 Gutau

Birnen mit Rotwein

1 kg	kleine, feste Birnen
3/4 l	Rotwein
10 dag	Kristallzucker
1	Zimtrinde
4	Gewürznelken
10	Pfefferkörner
1	Naturzitrone (Schale)
1	Orange mit unbehandelter Schale

- Birnen waschen, schälen, das Kerngehäuse entfernen,
- Rotwein mit Zucker und Gewürzen aufkochen,
- die Birnenhälften dazugeben und noch 5 Minuten weiterkochen lassen,
- die Früchte in Gläser füllen,
- mit dem heißen Saft übergießen,
- die Gläser sofort dicht verschließen.

Herta Wührer, Niederholzham 49, 4690 Schwanenstadt

Honig-Rumtopf

Zubereitung über 7 Monate

Mai/Juni

1/2 l	Rum
1/4 kg	Honig
1/2 kg	Erdbeeren
1	Zimtrinde
1/4 KL	Vanillemark

Juni/Juli

1/2 kg	feste Kirschen
10 dag	Honig
1/8 l	Rum

Juli/August

1/2 kg	Marillen oder Pfirsiche
1/2	Vanilleschote
6–8 Stk.	Kiwi
1/8 kg	Honig
	Rum

September/Oktober

1 kg	Zwetschken
1/4 kg	Birnen
1	Zimtrinde
30 dag	Honig
	Rum

November

1	reife Ananas oder Mandarinen
1/8 kg	Honig
	Rum

Mai/Juni
- 38%igen Rum mit Honig, Erdbeeren, Zimtrinde und Vanillemark in einen Topf geben und kalt stellen.

Juni/Juli
- Kirschen und Honig mit dem Rum vermengen und im Kühlschrank einen Tag kalt stellen (die Kirschen nicht entsteinen),
- am nächsten Tag in den Topf geben.

Juli/August
- Die neuen Zutaten vorbereiten und in den Steinguttopf geben,
- mit Rum auffüllen, bis die Früchte bedeckt sind.

September/Oktober
- Birnen schälen und das Kerngehäuse ausschneiden, die Zwetschken entsteinen und zu den anderen Zutaten in den Topf geben.

November
- Die Ananas schälen und mit dem Honig beigeben, mit Rum aufgießen.

Anmerkung:
- Das Obst gründlich waschen und mit Küchenkrepp trockentupfen.
- Alle Früchte immer in mundgerechte Stücke schneiden.
- Verwenden Sie Gefäße aus Keramik, Steingut oder Porzellan.
- Das Obst muß immer fingerbreit mit Rum bedeckt sein.
- Legen Sie einen umgedrehten Teller auf die schwimmenden Früchte.
- Kontrollieren Sie Ihren Rumtopf ständig.
- Stellen Sie ihn an einen kühlen und dunklen Ort.
- Honig in Rum auflösen und dann erst in den Topf gießen.

Tip: Sollte der Inhalt des Topfes nach der ersten Kostprobe stark reduziert sein, so können Sie ganz nach Ihrem Geschmack mit Dörrobst (Zwetschken, Marillen, Feigen usw.) auffüllen.

Helga Wallner, 4641 Steinhaus 139

Apfelsaft auf kaltem Weg

4 kg	Äpfel
5 dag	Zitronensäure
4 1/2 l	Wasser
2 kg	Kristallzucker
1 P.	Einsiedehilfe

- Äpfel waschen und wie für einen Apfelstrudel vorbereiten,
- über Nacht mit Zitronensäure und Wasser versetzt stehen lassen.
- Diese Maische durch einen Leinensack seihen und Zucker und Einsiedehilfe dazugeben,
- umrühren, bis sich der Zucker aufgelöst hat.
- Den Saft in saubere Flaschen füllen,
- mit Süßmostkappen verschließen und in den Keller stellen.

Anmerkung: Diesen Saft kann man mit Mineralwasser oder Wasser verdünnen und erhält somit ein angenehmes Erfrischungsgetränk.

Maria Schramm, Leondinger Straße 63, 4050 Traun

Himbeersaft

2 1/2 kg	Himbeeren
2 1/2 l	Wasser
10 dag	Zitronensäure
2 kg	Kristallzucker
	Einsiedehilfe

- Beeren am besten faschieren (mit einer groben Faschierscheibe oder mit dem Erdäpfelstampfer zerstampfen),
- das abgekochte Wasser und die Zitronensäure dazugeben,
- über Nacht zugedeckt stehen lassen,
- am nächsten Tag abseihen (durch ein sehr feines Sieb oder noch besser durch eine ausgekochte Strumpfhose).
- Für 1 Liter Saft 1 kg Zucker und Einsiedehilfe (Menge lt. Packungsangabe) dazugeben.
- Immer wieder umrühren, bis sich der Zucker aufgelöst hat,
- dann in Flaschen füllen und gut verschließen.

Doris Lauer, Oberwedlham 35, 4490 St. Florian

Ribiselsaft auf kaltem Weg

2 1/2 kg	*reife Ribiseln*
2 1/2 kg	*Kristallzucker*
5 dag	*Zitronensäure*
1 1/2 l	*Wasser*
1 P.	*Einsiedehilfe*

- Die reifen Ribiseln abgerebelt in eine Schüssel geben,
- Zitronensäure darüberstreuen und das kalte Wasser hinzufügen.
- Die Schüssel zugedeckt einen Tag stehen lassen, während dieser Zeit einige Male mit einem Holzlöffel vorsichtig umrühren.
- Dann den Saft durch ein angefeuchtetes Leinentuch in eine Schüssel gießen, ohne jedoch die Früchte zu drücken.
- Es entstehen ca. 2 1/2 kg Saft,
- darin das gleiche Quantum Zucker und das Päckchen Einsiedehilfe auflösen (mit einem Kochlöffel ständig umrühren).
- Sobald sich der Zucker vollständig gelöst hat, den fertigen Saft nochmals durch ein angefeuchtetes Leinentuch gießen,
- nun sofort in saubere und trockene Flaschen füllen und mit abgebrühten Korken verschließen.

Anmerkung: Der so hergestellte Ribiselsaft hat ein wundervolles Aroma, prächtige Farbe und ist von großer Haltbarkeit. Mit Wasser verdünnt, ergibt er ein sehr erquickendes, durstlöschendes Getränk.

Anna Lindlbichler, Rederstraße 42, 4052 Ansfelden

Schwarzbeersaft

8 l	*Wasser*
2 kg	*Zucker*
2 l	*Schwarzbeeren (Heidelbeeren)*
	Zimtrinde
	Nelken
1/4 l	*Weinessig*

- Wasser, Gewürze, Zucker und Weinessig gut kochen,
- heiß über die Beeren gießen,
- zubinden und 48 Stunden stehen lassen.
- Nachher in Flaschen füllen und gut verschließen.

Helga Hübner, Wienghausen 46, 5122 Ach

Orangensaft zum Verdünnen

3–4 kg	Saftorangen
4 kg	Zucker
10 dag	Zitronensäure
1 l	Wasser

- Orangen auspressen (2 l Saft),
- Wasser, Zucker, Zitronensäure zum Orangensaft geben,
- umrühren und 24 Std. stehen lassen.
- Hin und wieder umrühren, damit sich der Zucker auflöst.
- In Flaschen abfüllen.

Anmerkung: Mit Mineralwasser aufgegossen, schmeckt der Saft sehr erfrischend. Blutorangen eignen sich dafür sehr gut.

Ingeborg Sumerauer, 4831 Obertraun 29

Zitronen-Melissen-Saft

25	Stengel Zitronenmelisse
10 dag	Zitronensäure
3	Naturzitronen
3 l	Wasser
3 kg	Kristallzucker

- Junge Zitronenmelisse, Zitronensäure, in Scheiben geschnittene Naturzitronen mit dem Wasser zusammenmischen und 24 Std. stehen lassen,
- abseihen und den Kristallzucker dazugeben,
- öfters umrühren und ca. 1 Tag stehen lassen, bis sich der Zucker aufgelöst hat,
- in Flaschen füllen und gut verschließen,
- kühl lagern.

Anmerkung: Der Melissensaft ist sehr gut haltbar. Mit Wasser oder Mineralwasser verdünnt, schmeckt er sehr gut.

Marianne Haslehner, Schöffling 1, 4730 Waizenkirchen

Hollerblütensaft

40	Holunderblüten
4 kg	Kristallzucker
4	Orangen mit un- behandelter Schale
2	Naturzitronen
2 l	Wasser
5 dag	Zitronensäure

- In einem großen Gefäß Holunderblüten, Kristallzucker, Orangen und Zitronen, in feine Scheiben geschnitten, mit Wasser und Zitronensäure ansetzen,
- alles sehr gut verrühren, bis sich der Zucker völlig aufgelöst hat.
- Diese Mischung bleibt 5 bis 6 Tage stehen,
- dann den Saft abseihen und in Flaschen abfüllen, die gut verschlossen werden können (Drehverschluß).

Anmerkung: Dieser Saft wird entweder mit Wasser verdünnt getrunken oder mit Mineral- oder Sodawasser aufgespritzt.

Tip: Lösen Sie den Zucker im heißen Wasser auf (es geht schneller und besser), dann ausgekühlt über den Ansatz gießen und umrühren.

Marianne Luwitzhofer, Dörfl 19, 4292 Kefermarkt

Hollersaft

1 kg	Hollerbeeren
1 l	Wasser
30 dag	Kristallzucker

- Die Beeren ins kochende Wasser geben,
- wallend kochen lassen, bis sie geplatzt sind.
- Durch ein Sieb seihen und 12 Minuten mit dem Zucker kochen lassen,
- in Flaschen füllen und gut verschließen

Erna Gruber, Dr. Watzkestraße 14, 4663 Weißkirchen

Verzeichnis aller Einsender

Abenteuer, Helga, Lettental 16, 4360 Grein
Aichberger, Anni, Hugo Wolfstr. 4, 4020 Linz
Aichinger, Rosa-Maria, Unterhauserstraße 1,
    4484 Kronstorf
Aigner, Elfi, 4943 Geinberg 121
Aigner, Marianne, Schweizersberg 18,
    4575 Roßleithen
Anderl, Maria, Steinbruch 15, 4120 Neufelden
Angleitner, Silvia, Gunzing 9, 4923 Lohnsburg
Asen, Amalia, Gegend 52, 4894 Oberhofen
Astegger, Margarethe, Schmidham 74,
    4870 Vöcklamarkt
Auer, Anna, Haselbacher Gehweg 46,
    5280 Braunau
Auer, Magdalena, 4461 Laussa 268
Auer, Margarete, 4461 Laussa 107
Auer, Maria, Preising 20, 4203 Altenberg
Auinger, Herta, 4280 Königswiesen 164
Aumüller, Erika, Blumenstraße 10,
    4870 Vöcklamarkt
Autengruber, Theresia, Brandenberg 2,
    4812 Pinsdorf
Auzinger, Marianne, 4154 Kollerschlag 57
Bach, Katharina, Anzengruberstraße 2,
    4400 Steyr
Bachl, Franziska, Sipbachzell 45,
    4621 Sipbachzell
Baillon, Ingrid, Grillparzerstraße 29 a,
    4810 Gmunden
Baminger, Elfriede, Alpenblickstraße 40,
    4060 Leonding
Bankhammer, Margarethe, Wötzing 5,
    4880 St. Georgen/A.
Bartsch, Ingrid, Antoniweg 15, 4060 Leonding
Bauer, M., Unterlaussa 99, 8934 Altenmarkt
Bauernfeind, Christine, Steindorf 43,
    4863 Seewalchen
Baumgartinger, Wilma, Böhmerwaldstraße 6,
    4020 Linz
Baumgartner, Aloisia, Baumgarten 1,
    4720 Neumarkt/H.
Baumgartner, Ingrid, Ahornweg 19,
    4100 Goldwörth
Baumgartner, Maria, Baumgarten 1,
    4720 Neumarkt/H.

Bauschmid, Katharina, 4755 Zell/Pram 191
Beneder, Christine, Traunleiten 23, 4050 Traun
Bergthaler, Mathilde, Buchen 2,
    4810 Gmunden
Bernardi, Katharina, Herrengasse 35,
    4905 Thomasroith
Bernauer, Rosi, 4774 St. Marienkirchen 129
Bernecker, M., Holzgassen 9, 5122 Ach
Bernegger, Zenta, Endt 9, 5122 Ach
Bichler, Gusti, Sickingerstraße 82,
    4861 Schörfling
Binder, Maria, Traundorferstraße 86, 4030 Linz
Bitterlich, Elfriede, 4853 Steinbach 37
Blümlinger, Katharina, Großprambach 10,
    4760 Raab
Bögl, Hedwig, Niederham 12,
    4774 St. Marienkirchen/Schdg.
Boxleitner, Gertraud, Sauerbruchstraße 53,
    4600 Wels
Bramer, Christina, Bruck 3, 4772 Lambrechten
Brandmair, Ernestine, Linzer Straße 39,
    4800 Attnang-P.
Brandmair, Franz, Linzer Straße 39,
    4800 Attnang-P.
Brandstetter, Marie, Fabrikstraße 2, 4020 Linz
Brandstötter, Herta, Kaiseredt 33,
    4690 Schwanenstadt
Bräuer-Mocker, Elisabeth, Gabler Straße 62,
    4400 Steyr
Breinhölder, Anni, Margeritenstraße 4,
    4484 Kronstorf
Breitenfellner, Gunda, Schultestraße 3,
    4020 Linz
Briendl, Birgit, Eichenstraße 6/3/11,
    4701 Bad Schallerbach
Brosch, Stefanie, Arzberg 13,
    4462 Reichraming
Brunner, Hedwig, Waldweg 22,
    4650 Lambach/Edt
Brünner, Hildegant, Geretsdorf 40,
    5274 Burgkirchen
Buchinger, Rosa, Hof 16, 4773 Eggerding
Burgstaller, Aloisia, Inesbergstraße 40,
    4694 Ohlsdorf
Buttinger, Maria, Tal 6, 4984 Weilbach

Verzeichnis aller Einsender

Dachs, Franziska, Traschwandt 36,
4882 Oberwang

Danner, Maria, Penning 8, 4172 St. Johann/W.

Deutsch, Hermine, Wagenhub 57,
4594 Grünburg

Diensthuber, Franziska, Aggsbach 1,
4655 Vorchdorf

Dienstl, Maria, Hintere Zeile 70,
4190 Bad Leonfelden

Diermayer, Caroline, Baumbach 1,
4910 Neuhofen/I.

Dimmler, Ingrid, Taxlberg 55, 4641 Steinhaus

Dirnhofer, Huberta, Rilkeweg 9,
4840 Vöcklabruck

Dittenberger, Gisela, Anrath 4,
4730 Waizenkirchen

Ditzer, Elfriede, Höhenstraße 31, 4111 Walding

Docekal, Anna, Lindenstraße 7 c,
4810 Gmunden

Doms, Petra, Nonsbach 47, 4982 Obernberg/I.

Doplbauer, Barbara, Linzertor 6, 4070 Eferding

Doppelbauer, Christine, Breitau 1,
4721 Altschwendt

Doppelbauer, Margit, Hub 12,
4673 Gaspoltshofen

Doppler, Monika, Glaserstraße 8, 4040 Linz

Dorfmayr, Wilhelmine, Wimhölzlstraße 24,
4020 Linz

Dorfner, Ludmilla, Mühlsteinstraße 5,
4320 Perg

Dorn, Brigitte, Edmund-Aignerstraße 35 a,
4030 Linz/Ebelsberg

Dorner, Christa, Laudonstraße 1,
4840 Vöcklabruck

Dötzlhofer, Rosa, Ittensam 8, 4653 Eberstalzell

Drachsler, Käthi, Preyelstraße 20, 4050 Traun

Ebenhofer, Renate, Fichtenstraße 12, 4020 Linz

Ebetshuber, Katharina, Gunderpolling,
4972 Utzenaich

Echerer, Katharina, Am Gries 1,
4800 Attnang-P.

Ecker, Rosa, Unionstraße 127, 4020 Linz

Eckersdorfer, Elsa, Hammer 20, 4132 Lembach

Eder, Anita, Lehen 32, 4292 Kefermarkt

Eder, Maria, Thaling 2, 4941 Mehrnbach

Edtbauer, Adelheid, Ottsdorf 7, 4560 Kirchdorf

Edtinger, Ernestine, Almtal 261, 4645 Grünau

Effert, Herta, Glimpfingerstraße 29/3,
4020 Linz

Egarter, Renate, Mühlbach 39,
4801 Traunkirchen

Eggner, Margareta, Prinz Eugenstraße 10,
4020 Linz

Ehmer, Bruno, Gartenstraße 4,
4816 Gschwandt

Ehrengruber, Rosina, Albenödt 4,
4154 Kollerschlag

Eibl, Berthold, Lahrndorferstraße 42,
4451 Garsten

Eibl, Gerda, Lahrndorferstraße 42,
4451 Garsten

Eidenberger, Herta, Stifterstraße 51,
4614 Marchtrenk

Einzenberger, Margarethe, Neustiftgasse 57,
4463 Großraming

Eisenköck, Christine, Reith 16, 4074 Stroheim

Eitzinger, Rosi, Spielberg 9, 4870 Vöcklamarkt

Engelputzeder, Cicki,
4774 St. Marienkirchen 108

Enzenhofer, Herta, Elsternweg 6, 4030 Pichling

Enzlmüller, Rosemarie, Liebermannweg 30,
4060 Leonding

Eschlböck, Maria, Bräuberg 20,
4730 Waizenkirchen

Etzelstorfer, Rosemarie, Wagnerstraße 5,
4400 Steyr

Faschang, Christine, Deisersiedlung 12,
4950 Altheim

Feichtenschlager, Elisabeth, Eigelsberg 1,
5251 Höhnhart

Feichtenschlager, Maria, Schauberg 3,
5242 St. Johann/Walde

Feichtinger, Annemarie, 4643 Pettenbach 70

Feischl, Irma, Annaberg 7/2, 4710 Grieskirchen

Feitzlmayr, Elisabeth, Jungwirth 4,
4716 Hofkirchen/T.

Feldmayr, Maria, Schludererweg 6, 4030 Linz

Fellner, Eleonore, Traungasse 10,
4810 Gmunden

Fischer, Johanna, Zaglau 7, 4160 Aigen

Verzeichnis aller Einsender

Fischer, Maria, Kaltenbrunnerstraße 20,
4810 Gmunden

Fleischanderl, Herta, Finstergasse 13,
4061 Pasching

Flotzinger, Elisabeth, Greifing 7,
4982 Mörschwang

Fluch, Monika, Siedlungsstraße 9, 3350 Haag

Frauscher, Maria, Frauschereck 4,
5242 St. Johann/W.

Freilinger, Gertrud, Schärdinger Straße 11,
4910 Ried/I.

Freiseder, Anna, Türkstetten 8,
4201 Gramastetten

Freund, Theresia, Aschbrechting 6,
4922 Geiersberg

Friedl, Margarete, Billichsedt 22,
4841 Ungenach

Friesenecker, Helga, Dietach 7,
4600 Schleißheim-Wels

Fruhwald, Mathilde, Dr. Heppnerstraße 5,
4650 Lambach

Füreder, Gerlinde, Bahnhofstraße 69,
4150 Rohrbach

Füreder, Katharina, Eidendorf 3,
4175 Herzogsdorf

Gahleitner, Veronika, Aichberg 22,
4085 Wesenufer

Gallhuber, Silvia, Ad.-Stifter-Straße 8,
4061 Pasching

Gamperl, Emilie, Winklarnerstraße 25,
3300 Amstetten

Gangl, Cäcilia, Hingsham 15, 4791 Rainbach

Ganhör, Emilie, Wintersdorf 2, 4204 Reichenau

Gasperlmair, Rosa, Haidermoos 12,
4654 Bad Wimsbach

Gassenbauer, Christine, Brunnenweg 3,
4694 Ohlsdorf

Gassler, Katharina, Lichtenstögerweg 1,
4400 Steyr-St. Ulrich

Gastinger, Hermine, Unterhart 17,
4101 Feldkirchen/D.

Geier, Elfriede, Galvanistraße 2, 4040 Linz

Geieregger, Birgit, Kasernenstraße 17,
4470 Enns

Gessl, Hans, Annaberg 5, 4710 Grieskirchen

Gföllner, Elisabeth, Kenedingerstraße 18,
4720 Neumarkt/H.

Glasner, Franziska, Gartenstraße 26,
4311 Schwertberg

Glatz, Margarete, Blümelhuberstraße 11,
4030 Linz

Glocker, Christine, Simling 8,
4210 Gallneukirchen

Goigg, Gertraud, Im Dörfl 24,
4814 Neukirchen

Gollner, Anna, Eisenwerkstraße 28, 4020 Linz

Göls, Marieluise, Taborweg 27, 4400 Steyr

Göschl, Amalia, Neuhofen 4 a, 4864 Attersee

Grabner, Roswitha, Pyhrnstraße 22,
4582 Spital/P.

Gradinger, Elisabeth, Krennhof 1, 4760 Raab

Grafeneder, Adelheid, 4362 Bad Kreuzen 23

Greifeneder, Waltraud, Niederau 5,
4692 Niederthalheim

Griesmayr, Theresia, Edt 3, 4742 Pram

Grims, Helga, Wolfernstraße 20 d, 4400 Steyr

Gruber, Christiane, Ringstraße 16,
4421 Aschach

Gruber, Erna, Dr. Watzkestraße 14,
4662 Laakirchen

Gruber, Ilse, Breitnerstraße 18, 4111 Walding

Gruber, Karin, Scharitzerstraße 31, 4020 Linz

Gruber, Margarete, Oberschöfring 40,
4502 St. Marien

Gruber, Maria, Außerroh 27, 4661 Roitham

Gruber, Rosa, Kapellenweg 8, 4655 Vorchdorf

Grubinger, Theresia, 4882 Oberwang 51

Grübl, Brigitte, Weixelbaum 4, 4153 Peilstein

Grübl, Heidi, Weixelbaum 4, 4153 Peilstein

Grüblinger, Sabine, 4621 Sipbachzell 164

Grünbacher, Hildegard, Römerstraße 38,
4850 Timelkam

Gumpinger, Angela jun., Kreuzberg 10,
4723 Natternbach

Gumpinger, Friederike, Holzhäuseln 11,
4743 Peterskirchen

Gundendorfer, Maria, Altenhofstraße 7,
4493 Wolfern

Gusenbauer, Annette, Hertzstraße 10,
4020 Linz

Verzeichnis aller Einsender

Gusenbauer, Margarethe, Seidelbastweg 17,
4030 Linz
Gutenbrunner, Hermine, Niederkulm 7,
4210 Engerwitzdorf
Gützer, Eva Maria, 4594 Steinbach/Steyr
Hackl, Maria, 4040 Altlichtenberg 149
Hadauer, Ernestine, 4921 Hohenzell 70
Hagenauer, Mathilde, Holz 21, 5222 Auerbach
Hageneder, Daniela, Reichering 1,
4904 Atzbach
Hagleitner, Maria, Hauptplatz 6, 4240 Freistadt
Hahn, Helga, Scharitzerstraße 10, 4020 Linz
Haiböck, Franziska, 4261 Rainbach 119
Haidenthaler, Hilde, Perwang-Unteröd 10,
5163 Mattsee
Haider, Erika, Stifterstraße 20, 4600 Wels
Haider, Hedwig, Luftensteinerstraße 45,
4222 Luftenberg
Haider, Johanna, Hasnerstraße 12, 4020 Linz
Hainböck, Martha, Löwengutweg 10,
4400 Steyr
Hainzel, Ernestine, Diesseits 175,
4973 St. Martin
Hamberger, Friederike, Wambacherstraße 233,
4030 Linz
Hammerer, Maria, Ornetsmühl 29,
4910 Tumeltsham/R.
Hanl, Monika, Hauptstraße 39,
4222 Langenstein
Hanl, Theresia, Tumbach 10,
4210 Gallneukirchen
Hanner, Brigitte, Bachnerweg 27, 4180 Zwettl
Harner, Hedwig, Endt, 11, 5122 Ach
Hartl, Elfriede, Schaunburgerstraße 14,
4070 Eferding
Hartl, Ingrid, Am Lerchenfeld 56, 4020 Linz
Hartl, Theresia, Breiningsham 11,
4922 Geiersberg
Haselgruber, Margit, Furtherstraße 19,
4040 Linz
Haslehner, Marianne, Schöffling 1,
4730 Waizenkirchen
Hauder, Maria, Oberlembach 4, 4132 Lembach
Hauser, Erika, Neufelderstraße 15a, 4030 Linz
Hauser, Haidi, Steinberg 15, 4612 Scharten

Hauser, Helga, Hilkering 25, 4175 Herzogsdorf
Hauser, Kathi
Hausleitner, Berta, Himmelberstraße 4,
4030 Linz
Haydter, Anna, Orchideenweg 4, 4030 Linz
Hegele, Berta, Lindenstraße 3, 4720 Neumarkt
Hehenberger, Maria, Steyrerstraße 25,
4501 Neuhofen/Kr.
Heinzl, Rosi, Unionstraße 14, 4020 Linz
Heissl, Stefanie, Mendelsohnstraße 16a,
4802 Ebensee
Heißl, Josefa, Langbathstraße 21, 4802 Ebensee
Helf, Gertrude, H. Bahnstraße 1,
4650 Lambach
Hellwagner, Irmgard, Ornetsedt 6, 4752 Riedau
Helmberger, Christine, Seyrkam 25,
4655 Vorchdorf
Helmberger, Josefa, Viechtwang 26,
4644 Scharnstein
Hemetsberger, Aloisia, Thanham 17,
4880 St. Georgen
Herber, Franz, Manzenreith 60, 4240 Freistadt
Hetzmannseder, Resi, Waldbothenweg 66,
4030 Linz/Ebelsberg
Heuratschek, Rosemarie, Unterrohr 85,
4532 Rohr/K.
Hinterwirth, Bernhard, Etzelsdorf 12,
4643 Pettenbach
Hochmayr, Ing. Gerhard und Verena, Am
Hochgarten 11, 4073 Wilhering
Hochreiter, Rosa, Penning 15,
4172 St. Johann/Wimberg
Hochwagn, Gusti, Schieferhub 10,
4722 Peuerbach
Höckner, Frieda, Moos 10, 4906 Eberschwang
Hödlmoser, Karoline, 5360 St. Wolfgang 186
Hoffmann, Marianne, Oberlandshaag 83,
4082 Aschach/D.
Hoffmann, Susanne, Hintersweigerstraße 34,
4600 Wels
Hofreiter, Christa, Schäferhof 14, 4293 Gutau
Hofstätter, Mathilde, Traunuferstraße 96,
4052 Ansfelden
Höglinger, Adrian, Gusenstraße 20,
4223 Katsdorf

Verzeichnis aller Einsender

Höglinger, Anna, Hof 110, 5310 Mondsee
Höglinger, Maria, Falkenstein 11,
4142 Hofkirchen
Höglinger, Maria, Mistlberg 55,
4154 Kollerschlag
Höglinger, Rudolf, Gusenstraße 20,
4223 Katsdorf
Hohner, Gertraud, Herdegenstraße 10,
4061 Pasching
Hollerweger, Elfriede, 4831 Obertraun 223
Höllinger, Paula, 4154 Kollerschlag 2
Holzer, Christine, Markt 77,
4262 Leopoldschlag
Holzhauer-Müller, Margarethe, Am Anger 4,
4813 Altmünster
Holzinger, Anna, Roßmarkt 28,
4902 Wolfsegg/H.
Holzinger, Herta, Schönauer Straße 75,
4701 Bad Schallerbach
Holzinger, Mario, Schönauer Straße 75,
4701 Bad Schallerbach
Holzinger, Pauline, Oberrudling 8,
4070 Eferding
Holzner, Anna, Pettendorf 21, 3334 Gaflenz
Hörhan, Helga, Aubrunnerweg 17, 4040 Linz
Hörleinsberger, Hermine, Wunderburgstr. 39,
4810 Gmunden
Hörtenhuber, Hilde, Peintal 12, 4655 Vorchdorf
Hrouda, Herta, Matzingthalstraße 20,
4663 Laakirchen
Hubauer, Maria, Mühlberg 7,
4982 Mörschwang
Huber, Christine, Bernhoferstraße 21,
5261 Uttendorf
Huber, Heidi, Furth 5, 5231 Schalchen
Hübner, Helga, Wanghausen 46, 5122 Ach
Hübsch, Hanna, Sebekstraße 14, 4400 Steyr
Huemer, Martha, Weinzierlerstraße 31,
4190 Bad Leonfelden
Humer, Anna, Aubach 2, 4680 Haag/H.
Humer, Theresia, Pramwald 5, 4680 Haag a. H.
Hütter, Anna, Lindenstraße 24, 4600 Wels
Hutterer, Genoveva, Neustr. 14, 4522 Sierning
Jantscher, Leopoldine, In der Stockwiesen 3 a,
4040 Linz

Jegel, Maria, Gugerlehnerstraße 3, 4400 Steyr
Jetzinger, Aloisia, Mörschwang, Mühlberg 7,
4982 Obernberg
Jetzinger, Aloisia, Mühlberg 7, 4982 Obernberg
Kadletz, Klaudia, Ferdinand-Markl-Straße 3,
4040 Linz
Kaineder, Renate, Kitzelsbach 11,
4203 Altenberg
Kalleitner, Maria, Wildenhag 13,
4880 St. Georgen
Kaltenbrunner, Alfred, Grasberg 81,
4814 Neukirchen
Kaltenbrunner, Michaela, Brunnenweg 1,
4522 Sierning
Karlsberger, Theresia, Spieldorf 46,
4653 Eberstalzell
Karrer, Josefa, Schiefersteinweg 17,
4460 Losenstein
Kaspar, Hedwig, Luftenberg,
4222 St. Georgen/G.
Kasper, Ernestine, Forsthub 3,
4973 St. Martin/I.
Kastl, Mathilde und Otto, Maasch 10,
4294 St. Leonhard
Katzensteiner, Günther, Marcusgang 1,
4030 Linz
Kelcher, Margarete, Seilerstätte 10, 4360 Grein
Keplinger, Hans, Teistlergutstr. 25, 4040 Linz
Kern, Hedwig, St. Thomas 2, Pattigham,
4910 Ried/I.
Kierner, Johanna, Waldenberg 3,
4623 Gunskirchen
Kiesenhofer, Anita, Marreith 7, 4293 Gutau
Kiesenhofer, Maria, Gruberstraße 42, 4030 Linz
Kimberger, Inge, Schulstraße 7, 4400 St. Ulrich
Kinzl, Monika, Pirach 6, 5120 St. Pantaleon
Kircher, Anna, Ragereck 6, 4871 Zipf
Kirchmayr, Margit, Glimpfingerstraße 113,
4020 Linz
Kirchmayr, Regina, Harbacherstraße 14 d,
4040 Linz
Kirchsteiger, Anni, Baumgarten 2,
4910 Neuhofen/I.
Kirchsteiger, Christiane, Baumgarten 2,
4910 Neuhofen/I.

Verzeichnis aller Einsender

Kis, Johanna, Hilbern 104, Schiedlberg

Klausmayr, Hilde, Schußstatt 21,
4650 Lambach

Klebinder, Mathilde, Winden 10,
4531 Kematen

Klein, Michaela, Waldmüllergang 10 a,
4026 Linz

Kloibhofer, Andrea, Roitham 1, 4612 Scharten

Knapp, Renate, Reibensteinstraße 398,
4591 Molln

Knasmüller, Gertraud, Neinergutstraße 19,
4600 Wels

Knoll, Elfriede, Redlham 45, 4800 Attnang-P.

Knoll, Ernestine, Stögmüllerstraße 5/4,
4563 Micheldorf

Knoll, Hans-Rainer, Stögmüllerstraße 5,
4563 Micheldorf

Knopp, Olga, Dr. Knoppstraße 7,
4694 Ohlsdorf

Kober, Ingrid, Nelkenweg 32, 4502 St. Marien

Kokot, Monika, Gnadlingerweg 5,
4650 Edt bei Lambach

Koll, Helga, Am Winklgarten 22, 4030 Linz

Kolozsvari, Birgit, Sonatenweg 2,
4053 Pucking

König, Lotte, Keplerstraße 10, 4040 Linz

Kostak, Maria, Waldstraße 9, St. Florian

Köstldorfer, Marg. sen., Schlehdornstraße 10,
4484 Kronstorf

Kramer, Christine, Straubingerstraße 22 c,
4600 Wels

Kraml, Erna, Friedhofstraße 18,
4081 Hartkirchen

Kreinz, Johanna, Feursteinstraße 11,
4810 Gmunden

Krempl, Maria, Königsdorf 19, 4084 St. Agatha

Kremshuber, Anna, 4552 Wartberg 193

Kremsl, Rita, Alpenrosenstraße 9, 4600 Wels

Krichbaum, Gabi, Biber 6,
4872 Neukirchen/Vöckla

Kriftel, Gertrud, Dorf 131, 3352 St. Peter/Au

Kritzinger, Helga, Dr.-F.-Seifert-Straße 18,
4863 Seewalchen

Krüttner, Hilde, Aubergstraße 36, 4040 Linz

Kuffner, Maria, Hangstraße 2, 4432 Ernsthofen

Kühhas, Margaretha, Dr. Hellerstraße 8,
4560 Kirchdorf

Kuntner, Marianne, Lungendorf 52,
4643 Pettenbach

Kurz, Grete, Ampfererstraße 1, 6020 Innsbruck

Kutil, Christa, Zibermayrstraße 28, 4020 Linz

Lackner, Hermine, Mursberg 11, 4111 Walding

Lackner, Marianne, Heimstättenhof 16,
4053 Haid-Ansfelden

Lampert, Ursula, Salzburger Straße 45,
5280 Braunau/I.

Landerl, Erika, Karlhofstraße 16, 4040 Linz

Lang, Johann, Kafkastraße 1/7/41, 4600 Wels

Lang, Maria, H. Maygangasse 8, 4020 Linz

Langgruber, Angela, 4772 Lambrechten 24

Lattner, Katharina, Ziehberg 161,
4562 Steinbach

Lauer, Doris, Oberweldlham 35,
4490 St. Florian

Lausecker, Maria, Kopernikusstraße 18/37,
4400 Steyr

Lechner, Anni, Luisenhöhe 2, 4963 St. Peter/H.

Lechtenegger, Maria, Lahnstein 25,
4802 Ebensee

Leeb, Elisabeth, Hanuschstraße 86, 4020 Linz

Lehner, Brunhilde, 4201 Eidenberg 2

Lehner, Christine, 4751 Dorf/Pram 47

Lehner, Leona, Gernlandweg 63,
4060 Leonding

Lehnert, Gertraud, Lichtenbuch 26,
4865 Nußdorf/A.

Leitner, Chr. Reinh., Berghäusln 35, 4160 Aigen

Leitner, Johanna, Maximilianstraße 12,
4840 Vöcklabruck

Leitner, Karoline, Wiesham 4, 4624 Pennewang

Leta, Christine, Dornacher Straße 14, 4040 Linz

Lichtenwagner, Monika, Alkrucken 7,
4631 Krenglbach

Lindbichler, Anna, Rederstraße 42,
4052 Ansfelden

Lindner, Ulrike, Laahenerstraße 8/1/5,
4600 Wels

Lindorfer, Maria, Ehrenreiterweg 23,
4150 Rohrbach

Lohberger, Gertraude, Gruberstr. 18, 4020 Linz

Verzeichnis aller Einsender

Loizenbauer, Anita, Weyerbach 58,
4512 Weißkirchen/Tr.
Lösch, Rosa, Fachberg 1, 4892 Fornach
Lottmann, Erika, Arzberg 149,
4462 Reichraming
Lughofer, Stefanie, Hauptstraße 38 a,
4663 Laakirchen
Lustig, Maria, Stallberg 5,
4731 Prambachkirchen
Luwitzhofer, Marianne, Dörfl 19,
4292 Kefermarkt
Maidl, Ursula, Narzissenweg 12,
4063 Hörsching
Maier, Aurelia, Hagenstraße 50, 4040 Linz
Maier, Elisabeth, Schallersdorf 19,
4212 Neumarkt
Maier, Inge, Oberkriebach 27, 5122 Ach/S
Maier, Maria, Am Kugelberg 3,
4152 Sarleinsbach
Maringer, Karolina, Tiefenbach 10, 4871 Zipf
Martin, Margarete, Sierning
Massinger, Hannelore, 4582 Spital am
Pyhrn 359
Matheis, Hildegard, Rosenau 80,
4710 Schlüßlberg
Matschehr, Erika, Fadingerstraße 17 c,
4810 Gmunden
Maureder, Engelbert und Ingeburg, Alleiter-
weg 37, 4030 Linz
Maurer, Helga, Brunnenfeldstraße 9, 4030 Linz
Mayer, Maria, Mühlweg 3, 4842 Ampflwang
Mayr, Anna, Schachadorf 60, 4552 Wartberg
Mayr, Gabriele, Wolfsgrub 35, 4812 Pinsdorf
Mayr, Hermine, Kreilhofstraße 10, 3340 Waid-
hofen/Ybbs
Mayr, Hermine, Pergernstraße 14, 4400 Steyr
Mayr, Maria, Bergham 1, 5163 Palting
Mayr, Roswitha, Pergernstraße 14, 4400 Steyr
Mayr, Roswitha, Ritham 25, 4812 Pinsdorf
Mayrhofer, Gertraud, Hansried 2,
5143 Feldkirchen
Mayrhofer, Maria, Falkenstein 22,
4142 Hofkirchen/M.
Mayrhofer, Veronika, Strienzing 12,
4552 Wartberg/K.

Mayrhuber, Anna, Laaber-Holzweg 39,
5280 Braunau
Meindl, Egon, Steinhumergutstraße 43,
4050 Traun
Meindl, Theresia, Steinhumergutstraße 43,
4050 Traun
Meiringer, Irene, Hauptplatz 2,
4843 Ampflwang
Melzer, Berta, Hauptplatz 2, 4240 Freistadt
Mittendorfer, Maria, Plankauweg 35,
4802 Ebensee
Mittendorfer, Marianne, Maria-Theresia-Str.
19/10/61, 4600 Wels
Mizelli, Karoline, Schmidtgasse 4,
4810 Gmunden
Möderl, Rosa, Ödmühlweg 42, 4040 Linz
Mörzinger, Luise, Ottensheimerstraße 86,
4040 Urfahr
Moser, Christa, Waldzell 159, 4924 Waldzell
Moser, Edith, Lederau 2, 4655 Vorchdorf
Moser, Hedwig, 5164 Seeham 259
Moser, Johanna, Raschhof 3,
4754 Andrichsfurth
Moser, Renate, Eichendorffstraße 12, 4020 Linz
Moser, Veronika, Ohlsdorferstraße 27,
4810 Gmunden
Möslinger, Barbara, Pühret 17/17,
4813 Altmünster
Mühlbacher, Grete, 4820 Bad Ischl
Mühlböck, Hermine, Neugasse 6, 4910 Ried/I.
Mülleder, Josefa, Dr. Knechtlstraße 23,
4050 Traun
Müllegger, Herta, Kaltenbach 2, 4820 Bad Ischl
Müller, Ulrike, Haghofstraße 25,
3352 St. Peter/Au
Müller, Viktoria, Ramingtalstraße 36,
4442 Kleinraming
Nagele, Roswitha, Lustenauerstraße 13,
4020 Linz
Nagl, Karoline, Buchen 2, 4810 Gmunden
Nagl, Waltraud, Wiesenstraße 17,
4812 Pinsdorf
Nauer, Anna, Brunnenthal 69, 4780 Schärding
Nestler, Katharina, Thanstetten 15,
4521 Schiedlberg

Verzeichnis aller Einsender

Neumann, Christa, Dornstraße 9,
4061 Pasching
Neumayer, Frieda, Dürerstraße 32, 4030 Linz
Neuweg, Johanna, Neulichtenberg 61,
4040 Linz
Niedermayr, Elisabeth, 4280 Königswiesen 193
Nöbauer, Maria, Burg 16, 4531 Kematen
Nopp, Veronika, Berggasse 41, 4150 Rohrbach
Novohradsky, Raili, Bahnhofstraße 43,
4813 Altmünster
Novotny, Maria, Khevenhüllerstraße 22,
4861 Schörfling/A.
Nubert, Helmut, Moosbauerstraße 4,
4053 Nettingsdorf
Nussbaumer, Brunhilde, Stefan-Fechter-Weg 5,
4020 Linz
Oberbreyer, Erna, Ehrensteinweg 4, 4020 Linz
Oberhuber, Resi, Julianabergstraße 4,
4501 Neuhofen
Oberlik, Anna, Schloßgasse 7 a,
5270 Mauerkirchen
Obermüller, Herta, Bahnhofstraße 69,
4150 Rohrbach
Obermüller, Maria, Rennersdorf 3,
4083 Haibach
Oegger, Angela, Reichholz 29, 4852 Weyregg
Öller, Agnes, Lichtenberg 72, 4161 Ulrichsberg
Öllinger, Grete, Südtirolerstraße 36, 4020 Linz
Öz, Andrea, Gärtnerstraße 93, 4600 Wels
Pably, Josefine, Dirnstraße 48, 4460 Losenstein
Pachinger, Brigitte, Stiftung 7,
4193 Reichenthal
Pagoda, Marika, Dumbastraße 4 a 5/9,
4820 Bad Ischl
Palmanshofer, Monika, Herdmann 3,
4360 Grein
Panholzer, Käthe, Am Edhügel 16,
4115 Kleinzell
Parobek, Elfriede, Sophiengutstraße 28,
4020 Linz
Parzer, Sylvia, Kapellenweg 7, 4694 Ohlsdorf
Peirleitner, Zäzilia, Neubauzeile 87, 4030 Linz
Penetsdorfer, Edith, Werfelstr. 4, 4800 Attnang
Penz, Hermine, Donaulände 14,
4100 Ottensheim

Peyreder, Maria, Adolf-Schärf-Straße 7,
4040 Linz
Pfeiffer, Marianne, 4692 Niederthalheim 28
Piberauer, Katharina, Gleinkergasse 31,
4400 Steyr
Pichler, Anni, Untersonnberg 19, 4180 Zwettl
Pichler, Regina, Stöbichen 7,
4783 Wernstein/Inn
Pilhofer, Christine, Tullnerstraße 85/V/49/23,
3435 Erpersdorf
Pilz, Elisabeth, Harterfeldstraße 24,
4060 Leonding
Pilz, Theresia, Markt 30, 4391 Waldhausen
Piritsch, Elisabeth, Schafwiesen, 4600 Wels
Pirklbauer, Rosemarie, Steindorferstraße 25,
4863 Seewalchen
Platzer, Rosa M., Weberstraße 20 a,
4560 Kirchdorf
Pleiner, Gabriele, Am Ipfbach 132,
4490 St. Florian
Pöchtrager, Theresia, Simaden 33,
4171 St. Peter
Pointer, Maria, Resselstraße 4,
4614 Marchtrenk
Pointner, Maria, Grubedt 16, 5271 Moosbach
Pointner, Ulrike, Europahof 1/68,
4840 Vöcklabruck
Pollack, Helene, Zieglerstraße 2, 4470 Enns
Pommer, Margarethe, Holzstraße 14, 4020 Linz
Poppenreiter, Monika, Mendelweg 2,
4623 Gunskirchen
Posch, Margret, Ziererfeldstraße 40 a,
4030 Linz
Poscher, Johanna, Leondinger Straße 11,
4061 Pasching
Pramberger, Resi, Th. Haasstraße 9/3,
4560 Kirchdorf
Prechtl, Erika, Hillerstraße 27, 4030 Linz
Preinfalk, Klara, Freudenstein 13,
4101 Feldkirchen/D.
Pribil, Edith, Styriagasse 19, 4600 Wels
Priewasser, Waltraud, Maria Schmolln 66
Prinz, Josefa, Oberdörfl 12, 4362 Bad Kreuzen
Prinz, Traude, Struden 13, 4381 St. Nikola
Pröll, Maria, Kerschbaum 3, 4261 Rainbach/M.

Verzeichnis aller Einsender

Puchberger, Elfriede, Hörstorf 92,
4343 Mitterkirchen
Puchner, Renate, Hallestraße 63, 4030 Linz
Pühringer, Gerti, Lederergasse 9, 4522 Sierning
Putz, Barbara, Eisenstraße 35, 4400 Steyr
Putz, Sonja, Hopfgarten 4, 4820 Bad Ischl
Rabenhaupt, Maria, Bahnhofstraße 2,
4452 Ternberg
Rachbauer, Franziska, Sieberer 4,
4892 Fornach
Rachbauer, Kathi, Abern 45, 5222 Jeging
Radauer, Kornelia, Bahnhofstraße 39,
4070 Eferding
Radl, Andrea, Burgholzstraße 10,
3352 St. Peter/Au
Raffelsberger, Johanna, Fischböckau 23,
4655 Vorchdorf
Rammelmüller, Eva, Lumplgraben 83,
4463 Großraming
Rammerstorfer, Maria, Donatusg. 13, 4020 Linz
Ranseder, Rosa, Sindhöring 15,
4973 St. Martin/I.
Rathner, Anna, Maidorf 16, 4642 Sattledt
Ratzenböck, Ingrid, Markt 83,
4716 Hofkirchen/Tr.
Rauecker, Erika, Höhenweg 2, 4203 Altenberg
Rauscher, Maria, Zaglau 8, 4160 Aigen
Redhammer, Anita, Bernhoferstraße 18,
5270 Mauerkirchen
Redhammer, Paula, Geretsdorferstraße 15,
5270 Mauerkirchen
Redl, Annemarie, Neuhof 3, 4331 Naarn
Reiger, Maria, Puchstraße 8, 4400 Steyr
Reim, Veronika, Haus 11, 4712 Michaelnbach,
Reingruber, Marianne, Haid 18,
4190 Bad Leonfelden
Reischl, Erika, Berghäusl 5, 4160 Aigen
Reischl, Erna, Berghäusl 5, 4160 Aigen
Reischl, Maria, Gabestraße 1, 4030 Linz
Reiser, Otto, Joh.-Strauß-Straße 2,
4701 Bad Schallerbach
Reisinger, A. M., Winklpoint 6,
4724 Neukirchen/W.
Reiter, Rosa, Aubachberg 59, 4941 Mehrnbach
Reiter, Theresia, Haging 10, 4910 Pattingham

Reitinger, Heidi, Wamprechtsham 64,
4762 St. Willibald
Reitter, Maria, Lettenstraße 40, 4523 Neuzeug
Reitzenberger, Theresia, Siemensstraße 13/9,
4400 Steyr
Remtisch, Annegret, Ramingdorf 72,
4431 Haidershofen
Renner, Elisabeth, Überfuhr 3, 4663 Laakirchen
Renner, Greti, A.-Hoferstraße 4,
4800 Wankham
Resch, Johanna, Lerchenweg 8, 4150 Rohrbach
Resch, Sabine, Ottsdorf 7, 4560 Kirchdorf
Röbelreiter, Maria, Kopernikusstraße 18/5,
4400 Steyr
Rockenschaub, Anna, Am Südblick 5,
4702 Wallern
Roithner, Ingrid, Oberhausweg 10,
4061 Pasching
Roithner, Olga, Furtpoint 6, 4901 Ottnang
Rossoll, Theresia, Ramsauerstraße 32,
4020 Linz
Roth, Hermine, Bahnhofstraße, 4150 Rohrbach
Rotter, Ida, Bahnhof 3, 4170 Haslach/M.
Rudelstorfer, Margarete, Grundbachweg 44,
4020 Linz
Ruehringer, Elfriede, Winkling 20,
4681 Rottenbach
Ruzicka-Becherstorfer, Hilde, Dr. Schauer-
straße 16, 4600 Wels
Salletmaier, Rosa, Aichet 22, 4762 St. Willibald
Sammwald, Heinrich, Stadtplatz 17, 4400 Steyr
Sandberger, Erna, Hofstetten 1,
4724 Neukirchen/W.
Schachl, Cäcilia, Gunzing 36, 4923 Lohnsburg
Schachner, Margareta, Heindlstraße 18,
4040 Linz
Schärfl, Anni, 4752 Riedau 20
Schatz, Maria, Unterrohr 51, 4532 Rohr/K.
Schedenig, Marianne, Gmundnerberg 40,
4813 Altmünster
Scheiblhofer, Franziska, 4112 Rottenegg 17
Schernthaner, Maria, Atterseestraße 20,
4866 Unterach/A.
Scheutz, Veronika, Stambach 73,
4822 Bad Goisern

Verzeichnis aller Einsender

Schick, Marianne, Obereggen 3,
4625 Offenhausen
Schiegl, Gertrude, Linzer Straße 83, 4600 Wels
Schierl, Gertraud, Moos 7, 4870 Vöcklamarkt
Schimpl, Martha, Ausserroh 10, 4661 Roitham
Schleimecker, Rosa, Geretseck 12,
5212 Schneegattern
Schlotter, Agnes, Weinberg 7, 4864 Attersee
Schmid, Maria, Kirchenberg 47,
4460 Losenstein
Schmidinger, Waltraud, Kinderspitalstraße 2,
4020 Linz
Schmidinger-Rechberger, Elfriede, Siebenbür-
gerstr. 42, 4600 Wels
Schmidt, Helga, Bachhäuseln 1, 4673 Gaspolts-
hofen
Schmidt, Regina, Gralsham 18, 4680 Haag/H.
Schmied, Sieglinde, Knollgutstr. 43, 4030 Linz
Schneeberger, Else, Schwamingerstraße 3,
4535 Neuzeug
Schneider, Elfi, Lieglstraße 6, 5280 Braunau/I.
Schneider, Ernestine, Ponneredt 18, 4910 Neu-
hofen
Schobesberger, Antonia, Salzburger Str. 16,
4690 Schwanenstadt
Schöffer, Magdalena, Klostergasse 7,
4240 Freistadt
Schramm, Maria, Leondinger Straße 63,
4050 Traun
Schreivogel, Veronika, Traunfeldstraße 7,
4050 Traun
Schrenk, Gertrude, Ferihumerstraße 42,
4040 Linz
Schrimpf, Monika, Birkenstraße 17, 4600 Wels
Schröder, Erika, Innertreffling 44,
4210 Gallneukirchen
Schürz, Berta, Altendorf 11, 4152 Sarleinsbach
Schuster, Gabriele, Maderspergerstraße 15,
4020 Linz
Schütz, Christine, 4760 Raab 187
Schütz, Katharina, Hochbuchedt 9, 4040 Linz
Schützenberger, Edith, 4280 Königswiesen 40
Schützenberger, Frieda, 4280 Königswiesen 40
Schützenberger, Romana, 4280 Königs-
wiesen 155

Schwarz, Edeltraud, Niederlaab 66,
4611 Buchkirchen
Schwarz, Katharina, Wolfsedt 2,
4775 Taufkirchen
Schwarzbauer, Theresia, Oberer Flözerweg 2,
4050 Traun
Schwarzenbrunner, Margarete, Wipfing 88,
4653 Eberstalzell
Schwarzinger, Maria, Thurnerschlag 1,
4184 Helfenberg
Schwarzlmüller, Johanna, Grünbrunn 1,
4491 Niederneukirchen
Schwarzwald, Marianne, 5241 Maria
Schmolln 18
Schweitzer, Hedy, Höhenstraße 5,
4701 Bad Schallerbach
Seidl, Josef, L.-Sattler-Straße 4, 4400 Steyr
Seifriedsberger, Maria, 4872 Neukirchen/
Vöckla 31
Sickinger, Irmgard, Manglburg 27,
4710 Grieskirchen
Siebenbrunner, Irmtraud, Gauglgutstraße 2,
4050 Traun
Simader, Maria, Erdmannsdorf 30,
4113 St. Martin/M.
Spaller, Renate, Eigenheimstraße 2,
4063 Hörsching
Spanring, Hedi, Dambach 5,
4580 Windischgarsten
Spieler, Aloisia, Arnberg 16, 4931 Mettmach
Spiessberger, Marianne, Mattigstraße 86,
5280 Braunau
Spindler, Hermine, Majorweg 10,
4063 Hörsching
Spitzbart, Margarete, Inzersdorf 167,
4560 Kirchdorf
Stadlbauer, Erich, Eschenbachstraße 23/91,
4600 Wels
Stadlbauer, Franziska, Unterhillinglah 10,
4070 Eferding
Stadler, Resi, Traxenbichl 22, 4644 Scharnstein
Stahl, Regina, Teistlergutstraße 7 b,
4040 Linz/Urfahr
Standfest, Maria Antonia, Höferweg 50,
4120 Neufelden

Verzeichnis aller Einsender

Starlinger, Petra, Gmundnerstraße 17,
4690 Schwanenstadt
Starzer, Annemarie, Unterleiten 25,
4070 Eferding
Stefely, Friederike, Karl-Steigerstraße 26,
4030 Linz
Steinbrener, Johanna, Katzenberg 1,
4982 Obernberg
Steindl, Andrea, Gleinkerseestraße 127,
4580 Windischgarsten
Steindl, Andreas, Gleinkerseestraße 327,
4580 Windischgarsten
Steindl, Maria, Götzenberg 3, 4074 Stroheim
Steiner, Anneliese, Lupinengang 13,
4048 Puchenau
Steiner, Christine, Königweg 4,
4400 St. Ulrich/Steyr
Steinhofer, Paula, Dorf 65, 3343 Hollenstein
Steinmaurer, Anna, Bahnweg 9,
4655 Vorchdorf
Stieglbauer, Rudolf, Norikumstraße 5,
4481 Asten
Stiglbauer, Monika, 4941 Mehrnbach
Stiglbrunner, Maria, Minaberg 1,
4981 Reichersberg/I.
Stockinger, Helene, Pötting 35, 4720 Neumarkt
Stöghofer, Brigitte, Fornacherstraße 28/6,
4890 Frankenmarkt
Stoica, Maria, Widistraße 33, 4053 Haid
Stöttinger, Roswitha, Grünangerstraße 17,
4802 Ebensee
Strasser, Anneliese, Obergaisberg 11,
4352 Klam
Strasser, Ingrid, Johannisthal 43, 4690 Schwa-
nenstadt
Strasser, Marianne, Neffenedt 4, 4924 Waldzell
Straßmair, Maria, Spieldorf 14,
4653 Eberstalzell
Strobl, Karin, Erlenstraße 10, 4481 Asten
Stüber, Maria, Aubachberg 21,
4941 Mehrnbach
Stummer, Maria, Oberdambachstraße 52,
4451 Garsten
Sturmlechner, Maria, Hohentann 3,
3244 Ruprechtshofen

Sulzbacher, Wilma, Kaisergasse 30, 4020 Linz
Sumerauer, Ingeborg, Sanatoriumstraße 25,
6511 Zams/Tirol
Swoboda, Christine, Edisonstraße 20,
4020 Linz
Szarka, Kathrin, Larnhauserweg 7, 4020 Linz
Tausch, Gertrude, Wagenhub 33,
4594 Grünburg
Tayrich, Silvia, Zellerstraße 2, 4614 Marchtrenk
Tenreiter, Herta, Bürgerstraße, 4020 Linz
Thalhamer, Maria, Aich 11,
4690 Schwanenstadt
Thalhammer, Irmgard, Ritzling 5, 4904 Atzbach
Thaller, Schwand 88, 5134 Schwand
Thallinger, Roswitha, Lenkstraße 59, 4030 Linz
Tiefenthaler, Gerlinde, Unterstetten 13,
4715 Tollet
Tiesner, Maria, Oberhaiderstraße 19, 4605 Wels
Trauner, Erna, Obergrünbach 12,
4673 Gaspoltshofen
Traxler, Katharina, Oberntor 18, 4680 Haag/H.
Treml, Anna, Ahorn 9, 4184 Helfenberg
Treml, Margit, Ahorn 9/1, 4184 Helfenberg
Trichlin, Stefanie, Feldstraße 9 a, 4400 Steyr
Troyer, Erika, 4572 St. Pankraz 58
Truckenthanner, Franz, Fasangartenstraße 22,
4650 Lambach
Trummer, Gabriele, Hostauerstraße 92,
4100 Ottensheim
Ullmann, Anneliese, Edenbach 17,
4971 Aurolzmünster
Urmann, Verena, Weide 2, 4161 Ulrichsberg
Verhofnik, Marianne, 4551 Ried/Tr. 190
Viehböck, Christa, Wiener Straße 87/8,
4020 Linz
Vitzthum, Rosa, 5222 Munderfing 96
Wageneder, Maria Anna, Schnöllhof 9,
4873 Frankenburg
Wagneder, Elfriede, Schnalla 49,
4910 Tumeltsham
Wagner, Elisabeth, 4921 Hohenzell 10
Wagner, Henriette, Am Dahaberg 2,
4222 St. Georgen/G.
Waldbauer, Roswitha, Seidelbastweg 23,
4030 Linz

Verzeichnis aller Einsender

Walkoun, Walpurga, Roith 4, 4650 Edt
Wallerberger, Christine, Mitteregg 35,
4421 Aschach
Wallner, Helga, 4641 Steinhaus 139
Wallner, Maria, Tienstingerstraße 20,
4400 Steyr
Weber, Dolores, Unterseling 22,
4672 Bachmanning
Wehner, Herbert, Lindendstraße 24/V/15,
4600 Wels
Weigel, Hermine, Kranewittweg 73,
5280 Braunau
Weinberger, Hildegard und Monika, Kobl 5,
5222 Munderfing
Weinhold, Monika, Reuchlinstraße 35,
4020 Linz
Weissenbach, Magdalena, Fröbelstraße 15,
4053 Haid
Wielendner, Margarete, Rödt 8, 4874 Pramet
Wiesenberger, Heidemarie, Tröstlberg 71,
3351 Weistrach
Wiesinger, Gertraud, Aubach 7, 4680 Haag/H.
Wildhager, Monika, Märzendorf 3,
4741 Wendling
Winkler, Karoline, Kirchenplatz 8,
4560 Kirchdorf/K.
Winter, Theresia, 4553 Schlierbach 149
Winterbacher, Rosa, St. Johann 17,
3352 St. Peter/Au
Woblistin, Eva, Salzburger Straße 241,
4030 Linz
Wödlinger, Hilde, Auf der Wies 10, 4040 Linz
Wolf, Emmi, Hanriederstr. 28, 4150 Rohrbach
Wührer, Herta, Niederholzham 49,
4690 Schwanenstadt
Wührer, Petra, Niederholzham 49,
4690 Schwanenstadt
Würdinger, Gertrude, Oberer Stadtplatz 20,
4710 Grieskirchen
Wurhofer, Elfriede, 5145 Neukirchen 76
Wurm, Sabine, Marcusgang 1, 4030 Linz
Zacharias, Anneliese, Spörbichl 16,
4263 Windhaag/Fr.
Zauner, Christine, Egg 39 Pollham, 4710 Gries-
kirchen

Zaunmair, Hermine, Pacherstraße 10,
4600 Wels
Ziegler, Maria, Denkstraße 5, 4030 Linz
Zierfuss, Hildegard, Sommerlandstraße 16,
4052 Ansfelden
Zinhobel, L., Wieshäusl 4, 4625 Offenhausen
Zinsberger, Erika, Hyrtlstraße 16, 4050 Traun
Zöchbauer, Heinz, Denkstraße 25, 4030 Linz
Zollner, Julia, Winkelpoint 3,
5241 Maria Schmolln
Zweimüller, Theresia, Pumberg 36,
4906 Eberschwang

Register

Register

Register

Alkoholische Getränke, Weine, Säfte, Bowlen...

Liköre, Schnäpse

Eingekochtes, Eingelegtes, Säfte und Sirupe

HELMUT OBERMAYR

Schmankerln aus Oberösterreich

KULINARISCHE STREIFZÜGE DURCH DIE BODENSTÄNDIGE KÜCHE

LANDESVERLAG

Helmut Obermayr
**Schmankerln
aus Oberösterreich**
kulinarische Streifzüge durch
die bodenständige Küche

Das Radio-Oberösterreich-
Kochbuch

Pappband, 160 Seiten,
16,5 x 21 cm, Farbteil,
ISBN 3-85214-572-4

Oberösterreich hat eine Menge kulinarischer Köstlichkeiten zu bieten. Helmut Obermayr, der Herausgeber dieses außergewöhnlichen Rezeptbuches, betont die Vielfalt der oberösterreichischen Küche. Sowohl traditionelle, deftige Kost als auch zeitgemäße und gesunde Ernährung sind typisch oberösterreichisch: Von der Erdäpfelsuppe über's Mosthendl, Blunzen-tascherln, Dinkel-Gemüse-Auflauf, Hirselaibchen, Polsterzipf, Jausenaufstrich bis hin zum Nußlikör erstreckt sich die angebotene Palette.

Das Besondere an den Rezepten dieses Kochbuches sowie Kennzeichen der neuen Schmankerl-Reihe: Die „Schmankerln" stammen nicht von berühmten Köchen, sondern sind die Lieblingsrezepte der Oberösterreicher.

LANDESVERLAG